7本指のピアニスト

僕が奇跡を起こせた方法

Gohei Nishikawa
西川悟平

KKロングセラーズ

この本を、亡き母西川美子《よしこ》ちゃんと、

故デイヴィッド・ブラッドショー先生に捧げる

二人に、心からの感謝と愛を込めて

まえがき

今、この本を手に取ってくださった方へ。

有難うございます！　少しでもご興味を持っていただけたこと、とても嬉しく思います！

この本では、

「一五歳からピアノを始めて、音大なんて入れっこないよ」

「ニューヨークなんて行ったって、すぐに音を上げて帰って来るよ」

「アナタは、ジストニア（神経性運動障害）に両手を冒されているので、一生ピアノを弾くことはできません」

などと、散々「無理」と言われてきた僕が、ニューヨークの頂点と言われるコンサートホールや、国内外でのコンサート活動ができるようになった方法。

そして、最悪な出来事を、最高の出来事に変えていった考え方などを、おこがましい限りですが、皆さまとシェアできればと思います。

日本に帰ってくると、しょっちゅう、こう言われてきました。
「やっぱりニューヨークだから、いろいろな奇跡が起きるんだろうね！」とか、「海外の人って、結構アクティブでノリがいいけど、日本人は大人しいよね」等々（個人的感想です）。
確かに、最近は多様になってきたとは言え、単一国家の日本と、人種のルツボと言われるニューヨークでは、一般的常識の部分では大きな差があるかもしれません。

しかしながら、僕は多くの日本人が、情熱的で、アクティブで、実はノリも良いこと、そして、日本のいたる所で、あり得ないような奇跡が起きていることを、日本でのツアー中に全身で感じてきました。

この本を読んでくださった皆さまの、一人でも多くの方々に、素敵な奇跡が起きますように、心から願っています！

深謝

西川悟平

7本指のピアニスト

僕が奇跡を起こせた方法／目次

第2章

アメリカンドリーム　65

第5章 絶対、前向き！

第1章

「人間好き」「お祭り好き」「バカがつくほどポジティブ」

ピアノを習いだしたのは、一五歳のとき

大阪でスカウトされて、ニューヨークでプロデビューしたピアニスト、と聞くと、かなり高等な英才教育を受けてきたサラブレッドと勘違いされるかもしれません。

まず、その誤解を解くところから始めます。

僕がピアノを初めて習いだしたのは、一五歳のときです。

クラシックを演奏するプロのピアニストとしては、一般的には遅すぎる年齢です。それまでは楽譜もまともに読めなかったし、真ん中のドレミがどれなのかもわかりませんでした。

小学校でも中学校でも、特別音楽の成績がいいわけでもなく、どちらかというと不器用でした。さらに、なにをするにものんびりしていたので、子どもの頃のあだ名は「のび太」でした。もちろん、漫画『ドラえもん』の主人公ののび太です。家の真向かいに同級生が

住んでいたのですが、彼は勉強がよくできたので、「出来杉君」と呼ばれていました。

出来杉君のお母さんはピアノの先生で、息子の出来杉君はいつも「ピアノは頭が良くないと弾けない」と言っていたので、ピアノは敷居の高いもの、と感じていたのを覚えています。

音楽ならなんでもありの家庭環境

僕が最初にピアノと出合ったのは祖母の家です。曽祖母が購入したドイツ製の古いピアノがあり、物心ついた頃には、鍵盤を無茶苦茶にバンバン叩いて音を鳴らしていた記憶があります。まるで、犬や猫が鍵盤上を走り回っているかのようなめちゃくちゃ度合いだったと思います。そのピアノで叔母がよくベートーヴェンの『エリーゼのために』とホラー映画『エクソシスト』のテーマ曲を弾いてくれました。甘いメロディーと恐怖心をあおる曲がなぜかいつもセットで、交互に流れていました。

叔母の名前は寿子（ヒサコ）ですが、僕はチャコちゃんと呼んで慕っていました。チャコちゃんの仕事は、デパートのショーウインドウの製作でした。興味深いのは、当時チャコちゃんにデザインの技術を教えていた人が、ニューヨークのデパートのショーウインドウを手がけていたアメリカ人だったことです。いま考えると、このときすでにニューヨークと関わりがあったような気がします。

そんな叔母だったので、ファッションも奇抜で、Tシャツに太い鎖のネックレス、破れたビンテージジーンズにカラフルでごついスニーカーというでたちでスーパーに買い物へ行き、肩にビニール袋をひっかけて歩く姿も様になっていました。今でも自慢の叔母です。

チャコちゃんからの影響は非常に大きく、僕はクラシックからロックンロール、歌謡曲から映画音楽などを、大スピーカーでたくさん聴かせてもらっていました。

その横で浪曲師の父（五代目吉田奈良丸を襲名）が浪曲を歌っていました。父は浪曲といって、現代の言葉でいうと〝一人ミュージカル〟スタイルの古典芸能のパフォーマーでした。三味線一人（曲師さん）の伴奏で、一つの物語を、語りや歌、セリフを全部一人でこなす芸です。まさに音楽ならなんでもありの家庭でした。

父は、なんでも歌にしていました。
例えば、母と父と一緒にスーパーへ買い物に行った際も、所構わず父は歌いました。母の名は美子（ヨシコ）と言います。買い物中に、

「♪よ～は、美子ちゃんのヨ～、し～は美子ちゃんのシ～、こ～は美子ちゃんのコおお～～、あド～レ～ミ～♪」

と浪曲調でこぶしを回しながら歌います。横にいる僕は恥ずかしいのですが、母はうれしそうに笑います。きっと周りの知らない人から見たら、僕の両親は完全にイカれてる夫婦に見えたことでしょう。

父が帰宅するときは、まず遠くのほうから父の歌声が聞こえてきて、それからだんだんと声が大きくなり、そのあとガラガラっと扉が開く音がして、「チルドレンっ!!」と叫ぶ声が家に響き渡り

舞台での父（５代目吉田奈良丸）

ました。そうすると、僕と三歳年下の弟は、「おとうちゃんお帰り〜！」と言いながら玄関まで走って行きました。父は一人でいようが誰といようが、いつでもどこでも歌っているのです。

父は学生の頃、柔道の選手で、当時アメリカ人（父は進駐軍と呼んでいました）の柔道選手と仲が良かったらしく、英語の重要性について僕にいつも話していました。

僕が小学生になった頃、家には父が作ったアルファベットの表があり、ご飯を食べる前にＡＢＣの歌を一緒に歌いました。

父による英語の発音教育の時間があったのですが、そこでお手本として聞かされていたものは「ええ〜び〜しい〜でえ〜……ぶい、だぶる、えっくす、わい、ぜっとぉ〜」といった感じの相当な日本語なまりの英語です。本場アメリカでは使いものにならないものの、洋画や洋楽には早いうちから興味がわきました。

六歳のとき、七〇〇円を持ってレコード屋さんで初めて買ったレコードは、ローズマリー・バトラーの『光の天使』という洋楽でした（映画『幻魔大戦』の主題歌）。そのあとは、お小遣いを貯めてはマイケル・ジャクソン、ワム、マドンナなどのレコードを買い続け、九歳の頃には洋楽のレコードコレクションがありました。これに加え、母が子どもの頃に買ってもらったクラシックのレコードのコレクションもあり、もう、ごちゃまぜです。

さらに、これも父の影響で、中学に入ると同時に「基礎英語」というラジオ番組を毎日毎日聴きました。これは、今でも発音に役立っています。

その甲斐あってか、僕は英語がまったく話せない時期から、ＲとＬや、ＳとＴＨの日本人が苦手とする日本語にない英語の発音を完璧にできるようになっていました。アメリカに来た頃、本当にたどたどしい英語ながら発音だけは良かったので、相当話せるとよく勘違いされました。

このように、音楽関係の英才教育らしきものは一切受けていませんでしたが、あらゆるジャンルの「音楽浴」はしていたのと、父の影響で歌心をもつことができました。これは今、音楽的感性に影響していたとしみじみ感じています。

また、家族も親戚も大阪府堺市出身で、ここから出たことがないにもかかわらず、海外に目がいく環境にいたことは確かです。

今津先輩がピアノを弾ける大衝撃

中学に入学すると、ブラスバンド部に入りました。ブラスバンド部が、新入生歓迎イベントで、僕が自分で初めて買ったレコードの曲である、映画『幻魔大戦』の主題歌を演奏していたからです。

入部後すぐに仲良くなった今津先輩は、僕に音符の読み方を親身になって教えてくれたり、様々な種類の音楽をレコードやカセットテープで聴かせてくれたりしました。僕の音楽人生を語る上で欠かせない人物の一人です。そして今でも親友です。

中学一年生のとき、その今津先輩が、家に招待してくれたことがありました。

リビングルームにピアノがあったので、

「先輩ピアノ弾けるん？」

と僕が聞くと、

「ちょっとだけな」

と言って、ショパンの『ノクターン第2番』（ノクターンOp.9 No.2）と、ベートーヴェンの『エリーゼのために』を弾いてくれました。

このときの衝撃は、今でも昨日の出来事のように覚えています。

あまりの美しさに、僕は胸が苦しくなり、感動と興奮で胸を押さえながらのたうち回りました。僕は喜びなんかを体をもって表現するタイプなのですが、このときはピアノのすごさに完全に圧倒されて、「すごい‼　すご〜い！！！！」と叫び続け、僕のリアクションに先輩が戸惑うほど暴れ回りました。

もちろんそれまでにピアノを聴いたことはありましたが、一つしか年が違わない男の先輩が、目の前で抜き打ちでショパンやベートーヴェンを弾いたことが、当時の僕にとっては大変な衝撃でした。

ただ、この頃は、幼なじみの出来杉君が言った「ピアノは頭が良くないと弾けない」がずっと頭に残っており、劣等感が強かった僕は、自分にはピアノは弾けないんだろうなあ、と思っていました。さらに僕は、ブラスバンド部に入ったにもかかわらず、楽譜がまったく読めなかったのです。

楽譜が読めなかったブラスバンド部時代

ブラスバンド部では、チューバを演奏していました。金色のピカピカ光った大きな楽器を見た瞬間、「こんな大きなラッパがあるんや！ カッコええ〜！」と魅了されたのを覚えています。それに加え、体を包み込むような低音！ 僕には非常に魅力的な楽器に見えました。

しかし、なにしろ当時は楽譜がまったく読めませんでした。音を耳で聴いて記憶して勘で演奏していたので、単純なリズムもわからない。おかげでみんなと合わず、かなり苦労しました。

器用さに欠ける僕でしたが、中学三年生のとき、思いもかけない抜擢を受けました。ブラスバンドの吹奏楽コンクールに向けた練習に講師として月に何度か教えに来てくれていたプロのトロンボーン奏者である竹内博昭先生が、ある日突然「香川県の坂出で管弦楽奏者の合宿があるから来ないか？」と声をかけてくださったのです。部員の中で誘われたのは僕だけでした。竹内先生といえば、僕にとっては雲の上の存在で、心から尊敬していた人。自分でもどうして？　と思い、尋ねると、僕が質問が一番多く、必死で練習していたからだそうです。

全員プロ、もしくはセミプロばかりの中に、ポツンと中学生の僕が合宿に参加することになったわけで、ほかの参加者は僕を悟平ではなく、「中学生」と呼んでいました。

それまで、プロの音楽家が演奏するのを間近に聴いたこともなかったし、ましてや一緒に寝泊まりなんてしたこともない。僕にとっては夢のよう。この経験は、僕の人生を変える一大イベントとなりました。

まだ中学生だった僕に対し、皆さんはプロになる心構えや、練習の効率的なやり方などを親身になって話してくれました。

「音大に進学するのは勧めないな。大変だぞ。でも、本当に好きなら命がけで頑張れよ！」と言われ、やる気に燃えたのを覚えています。特に、竹内先生の「自分の音をよく耳を澄まして聴きながら練習しろよ」というアドバイスはとても貴重で、そこに気をつけて練習をしたから、結果的に上達が早くなったように思います。その頃の僕は、チューバをひたすら練習していたのですが、それがどうしてピアノに目覚めたかといえば、かなり不純な動機からでした。

不純な動機でピアノを始める

実は僕はブラスバンドの顧問の先生が大好きでした。好きが高じたあまり、先生が音楽大学出身なのだから、僕もチューバで音大に入れば先生の後輩になれると思って、いろいろ調べてみたのです。

そして、音大の入試要項を読み、「専攻がチューバや他の楽器でも、初心者が習う教則であるバイエル程度の曲をピアノで弾けなければいけない」という条件があることを知りました。

ピアノの素養のない僕にとっては、明らかに不利です。しかし僕は、むしろ「先生に近づくチャンスだ！」と思い、ピアノを教えてほしいと頼みに行き、個人的にピアノレッスンを受けることに成功しました。中学三年生の一月のことでした。

動機は信じられないくらい不純です。でも、初めてのレッスンでそんなことも消えるくらいの衝撃を受けました。黄バイエル（ピアノの初心者用教則本）の一番初めに出てくる、単純にドレミファソファミレド～をひたすら繰り返す曲を弾いたとき、先生が僕の横でそのドレミファソファミレド～に合わせて伴奏を入れてくれたんです。

今津先輩のときと同様、背中に雷が落ちたかのようにしびれるほどの感動を受けたのを覚えています。

やっぱりピアノって美しい！　と改めて感じました。

音大入学という不可能に挑戦

相変わらず楽譜が読めなかったので、まずは楽譜を読めるようにしなければなりません。譜面にドレミをカタカナで書いて、繰り返し読むところから始めました。リズムは自分で図形を作って覚えました。「♩＝＼/」「♪＝／」のような感じです。投げ出したくなるほど大変でしたが、毎日コツコツと続けました。

さっそく始まった先生のレッスンでは、音符を正確に読むことに加え、指づかいやリズムを丁寧に教わりました。基礎テクニックは厳しく指導されましたが、比較的自由に自分の好きな曲を弾かせてもらえました。

先生にはよく「この曲はどれくらい練習したら弾けますか？」とか「この曲は、死ぬまでに弾けるかな」などと、将来弾いてみたい曲について夢見がちに話していました。先生が言うには、そのときの僕の口癖は「もっと宿題をください！」だったそうです。バイエルのときは、一週間に一〇曲くらい練習して暗譜（曲を暗記すること）していきました。

そして、ピアノに関するあらゆる本を読みあさり、アルバイトで貯めたお金でコンサートに一人で通っていました。バイト時間を節約するために、彫刻のヌードモデルをして、一時間一万円のバイト料をもらっていました。すっごく恥ずかしかったけれど、ピアノのためならできました。

レッスンを進めて、少しずつ弾けるようになるうちに、思った以上にピアノの虜になってしまい、「もっとうまく弾けるようになりたい！」と強く願うようになりました。

そのときの僕の目標は、死ぬまでにショパン作曲の『ノクターン第2番』と『幻想即興曲』と『英雄ポロネーズ』を弾けるようになることでした。

ショパンの『英雄ポロネーズ』といえば、一般的には難曲中の難曲。中学生時代、レコードが擦り切れるほど、毎日聴いていました。ある日、熱が出て学校を休んだ日、『英雄ポロネーズ』のレコードを母がかけたら、一気に熱が下がって、急に元気になった経験がありますす。それくらい大好きな曲です。

高校入学後もピアノへの情熱は上がる一方でした。

そんなある日、手荷物検査がありました。そこで、僕の楽譜が見つかってしまったのです。先生が、

「おまえ、なんで楽譜なんか持ってんねん？」

と言いながら楽譜を取り上げたので、僕は、

「あー取らんといて先生！　お願いー！　大切なもんやねん」

と懇願すると、先生は、

「おまえ、ピアノ弾くんか」

と、驚いている様子でした。

「音大目指してるねん」

「そら、頑張らなあかんやん」

僕が通っていた男子校は、柔道で有名な高校だったので、授業の科目に音楽がありませんでした。そこで先生は、会議室にどこからかピアノを運び入れてくれて、休み時間ならいつでも練習していいことになりました。

そんなこんなで、ピアノの先生に教えてもらった練習方法に加え、独自の練習方法を編み出して毎日練習した結果、四カ月でまず『ノクターン第2番』が弾けるようになり、ピアノの先生が主催する発表会で演奏しました。


初めての演奏で自信をつけた僕は、この時点で、音楽大学をチューバ専攻ではなく、ピアノ演奏学科で行くと決めました。しかし、それを知った周囲の人は、全員が「無理だ」と口をそろえて言いました。

彼らがそう言うのもわかります。当時僕は一五歳。常識的に考えて遅すぎるのです。音楽大学といっても、音楽の理論を勉強する楽理などは、ピアノがそこまで弾きこなせなくても入学できる可能性はありますし、声楽なら、英才教育を幼少の頃から受けていない男性であっても、声変わりしてから訓練を始め、入学できた人もたくさんいます。

音楽の世界のなかで、ピアノとバイオリンは二大巨頭です。ほかの分野や楽器と比べて、圧倒的に人口が多いので、どうしても競争率が高くなります。どちらも趣味で弾く分には何歳から始めても問題ありません。けれども、音大のピアノ専攻を目指すとなると話が違います。たいていの場合三歳から、遅くとも六歳までにはレッスンを始めます。

それに、音大のピアノ科の試験は非常に残酷で、受験生全員と審査員（大学教授）が勢ぞろいしている前で、共通の課題曲を演奏します。課題曲が全員同じということは、審査員のみならず、受験生も細部の細部にわたって音符を知っているということです。

どんなに細かい音符の一音も聴き逃さず、じっくりと審査されます。技術の正確さ、表現力、芸術性など、あらゆる視点からジャッジされます。

このような試験を通過するのに、三歳から英才教育を受けてきた人と、受験の三年前にドレミの基本から覚え始めた僕とでは、埋められない差があると考えるのが常識でしょう。でも、僕だけはそういう常識の外におり、「頑張れば大丈夫！　皆が五時間練習していたら、僕はその倍の一〇時間練習する！」という思い込みの激しさ、意気込みだけで音大を目指しました。

猛練習の日々

音大受験を決めてからの僕の生活は、宣言どおり、ピアノ中心になっていきました。学校の授業中も音楽に思いを巡らせ、楽譜を眺め、ほとんど先生の話は聞いていません。授業が終わるとピアノのある祖母の家に一目散に向かいます。

その頃の日課として練習の前には必ずピアノをきれいに拭いていました。敬意を払う気持ちの表れだったのと、ピアノを拭けば、なんだか上手になる気がしたのです。

練習内容は、まずハノンという無味乾燥な指の体操を目的とした教則本をひたすら弾く、というものでした。全部で六〇曲あり、それを毎日全曲弾きました。初めは三、四時間かかりましたが、指が次第に速く動くようになり、一時間で全曲が弾けるようになりました。ツェルニーという別の種類の教則本の練習曲も練習し、すべてを暗譜し、バッハ、ベートーヴェン、ショパンなども同じく練習しました。

周囲に無理だと言われてかえって火がつき、一五年分のピアノ教則本を高校三年間で習得すべく、毎日最低五時間から一二時間くらいは昼夜を問わず練習しました。防音設備もない部屋なので、ピアノを布団でぐるぐる巻きにするといった自分なりの防音を施し、夜中も練習していました。正月もクリスマスもお構いなく練習していましたが、いま考えると近所迷惑だったと思います。

「聴音嫌～」

練習はそれだけでなく、ピアノで弾かれた短いメロディーを聴いて、耳だけを頼りに音符を書き取る「聴音」という試験がありました。

僕には絶対音感がないので、これには本当に骨が折れました。たとえるならば、なにを言っているのかわからない外国語を聞いて、その一語一句を正しいスペルで書き出すようなものです。

この聴き取りがあまりにも苦痛で、楽器屋に置かれていた音楽新聞に、どれだけ聴音が嫌いかを、ペンネーム「聴音嫌～」で投稿し、その投稿が採用されて五〇〇〇円分の図書券をもらったこともありました（そのときはちょっとうれしかったです）。

それくらい嫌いな聴音でしたが、毎日テープを聴いて、書き出して練習し、聴音だけのレッスンも週二、三回受け、訓練を続けているうちに、少しずつ音がわかるようになってきました。また、楽典という音楽の基礎理論の勉強もあり、ピアノの練習以外にも、勉強しなければいけないことはたくさんありました。

目標達成！

そんな毎日だったので、あっという間に一日が過ぎてしまい、二四時間では足りないくらいでした。その結果、練習を始めて一年後に念願の『幻想即興曲』、三年後に『英雄ポロネーズ』を弾けるようになりました。

『英雄ポロネーズ』は、譜読み（音符を読んでいく作業）だけで四カ月もかかりました。初めて楽譜を購入してページを開いたときは、あまりにも音符が多く、細かく、ガックリと落ち込みました。こりゃあ、一生弾けないなあ……と。それだけに、この念願達成は大きな自信になりました。

夢は演奏のできるピアノの先生

　このときの僕の目標は、音大に入ってピアノを勉強して、将来はピアノの先生になることでした。贅沢な話ですが、自分の演奏活動もできるピアニスト兼教師になりたいと思ったのです。というのは、生徒に僕が模範演奏をしてあげられるようになりたかったし、自分自身が常に現役でいられればいいなと考えていたからです。

　こう言うと「ピアノの先生ってみんな演奏活動ができるんじゃないの？」と思われるかもしれませんが、たとえば英語の先生で、英語の文法や構文や単語などを教えられても、実際に英語圏に行って外国人とペラペラ話せない人がいるように、演奏活動が優れていても教えるのが得意でない人、教えることに長けていても実際には演奏活動をしない人も多くいるのです。

　レッスンのときに生徒さんから「この曲はどういうふうに弾けばいいですか？　この部

分はどうやったら効率的に練習できますか？」などの質問があったときに、実際に僕が演奏してあげられるようになりたかったのです。

僕が習ったピアノの先生たちのなかには、「どうしてこの部分、さらっと弾けないのかしら？」とか、「あなたにショパンは向いてないわねえ」などと言うのに、全然先生自身の演奏は聴かせてくれない、という人がいました。

僕としては、「弾かれへんから習いにきてるんやん」とか「先生、ショパンに会ったことあんの？　なんで僕がショパンに向いてないってわかるん？」と思ったことがしばしばありました。だったら、僕がしっかりショパンの奏法を勉強して、いつの日かそれをわかりやすく生徒に伝えられるピアノの先生になりたいと思ったのです。

「あのときの中学生」がオーケストラのソリストに⁉

音大受験準備に燃えていた頃、度胸をつけるために、コンクールをあちこち受けていました。そのなかで、オーケストラをバックにソリストが演奏するスタイルのコンチェルトコンサートのオーディションを受けて合格。大阪の国際交流センターの大ホールで、ピアノのソリストとしてオーケストラと共演する機会を得ました。

演奏の当日、楽屋にいると「あれっ！　あああ！　あのときの中学生？」と言われ、何事かと思って見ると、香川県で一緒に一週間を過ごしたプロのバイオリニストでした。

僕はこのとき一七歳になったばかり。あの「プロの演奏家のなかに一人だけ中学生」の香川県の合宿から三年がたっていました。

チューバを吹いていた中学生が、いきなりコンチェルトのソリストに選ばれてピアノを演奏していたので、相当驚いている様子です。

「ピアノはいつ始めたん？」

「あの合宿のあと、すぐです。入試要項にピアノの実技もあるって書いてあったから」

この再会をキッカケに、竹内先生らとも後日再会することに。再び、音楽談議に花を咲かせました。

この頃の僕は『英雄ポロネーズ』を完成させるという「偉業」を成し遂げたあとだったので、やる気に加えて自信も満々。三年前の好奇心旺盛な少年とは心持ちが違います。夢が膨らんでいた僕は、自分がピアノ歴三年であることも忘れ、

「頑張ったらジュリアード音楽院に入れますか？」

と尋ねていました。ジュリアード音楽院といえば、ニューヨークで一番難易度の高い音楽大学です。音楽以外にもバレエや演劇科があり、『スター・ウォーズ』の映画音楽を作曲したジョン・ウィリアムズやジャズのマイルス・デイヴィス、演劇ではロビン・ウィリアムズが学んでいた学校としても知られています。

今思い返すとなんて恐れ多いことを聞いたのだろう、と思いますが、ピアノに夢中の当時の僕は気にしない。すると、竹内先生からこんな返答が。

「ジュリアードっちゅうたらなかなか入れんぞ。日本で一番って言われている東京芸大のピアノ科の学生ですら、狭き門だというのに。そやけど、おまえが二四時間のうちの二一時間を練習に充てて、三時間睡眠で何年も頑張ったら、ひょっとしたら可能性はあるかもしれんな」

それを聞いて僕は、「じゃあ、不可能じゃないねんな。よっしゃ、頑張ろう！」と思い、ますます熱心に練習に取り組むようになりました。

さらに上にいく練習法

その当時の練習がどういうものかというと、跳ねるタッチ（スタッカート）やべったり弾くタッチ（レガート〈滑らかに音をつなげる〉での重力タッチ）、強いタッチに軽やかなタッチなど、ありとあらゆる種類のタッチを駆使し、曲を一小節から四小節くらいの単位に細分し、繰り返し繰り返しリズム変奏（わざとリズムを変えて弾く練習法）を入れる内容でした。こうした方法でひたすら練習していたら課題曲がスラスラ弾けるようになりました。

さらに目隠し練習もしました。ミスタッチなく演奏できるようにする目的で始めましたが、やってみてわかったのは、人間の指は非常に敏感で、訓練次第で目で見なくても鍵盤の距離感を掴めるということでした。簡単に言うと、パソコンのブラインドタッチに似ています。もちろん、あまりに跳躍が多い場合（弾く鍵盤の幅が広いとき）は、目で確かめることが多くなります。

また、曲のどの部分からでも弾けるように、わざと最後のページから練習を始めたり、中間部から始めたりと、雨が降ろうが槍が降ろうが止まらずに演奏できるようにし、受験に備えました。

ピアノオタクでお祭り好き

こうして一日の大半を練習に費やしていたわけですが、一方で高校生活を楽しんでいました。僕は男子校に通っていたにもかかわらず、ピアノ教室などで他校の女子高生との出会いがクラスメイトに比べて格段に多かったので、合コンを主催するなどして気分転換をしていました。今もそうですが、ピアノオタクだけど、人とコミュニケーションをとるのが大好きで、お祭り好き。進んで男女のソーシャルな場所を作る中心人物になっていました。

ノリがよすぎたからか、ロックバンドに呼び込まれて、ときどきライブなんかもしていました。僕はX（現X JAPAN）が大好きだったので、ヨシキのように髪を立たせてキーボードを演奏していました。

今となっては、父の教えが僕の大部分を形成している気がします。子ども時代、ドッジボールをやっていて思いっきりボールをあてられ、皆に笑われたときのこと。それを家で半泣きべそをかきながら、父に、

「お父ちゃん、今日な、ドッジボールでな、思いっきりボールをあてられてな、みんなに笑われてん」

と言いました。僕の期待は、「なに？　かわいそうに、大丈夫だったか？」だったのですが、父はそうとは言わず、

「なに？　笑われた？　ほんならお前も一緒に笑ろてたらええねん。実はな、お父ちゃんもな、昔から恥ずかしかったときはな、恥ずかしいなあ！　って言うて、皆と一緒に笑うてん」

と言って笑っていました。このことがあってから、僕はどうということのないささいなことでは落ち込まず、笑って済ませるようになりました。

その後、どういうわけか、いろいろなスポーツグループから誘いが増えだし、なぜか柔道大会に出場していたり、バドミントン部、バレーボール部に所属していたりしました。

というより、勝手にメンバーに僕の名前が入っていました。すっかり、ポジティブなムードメーカーの役割を担うようになっていたのです。

学校の勉強は……ある程度はしていたので、成績はまあまあでした。

この「人間好き」「お祭り好き」「バカがつくほどポジティブ」な性格が、その後の人生を大きく変えていくことになるとは、まだ思ってもいませんでした。

音楽大学の試験に合格

当時、大阪音楽大学では、推薦入試と一般入試のピアノの実技試験が行われており、僕の大嫌いな聴音や音感の試験は年に三回ほど受けられました。受験では短大と四年制を選択できましたが、僕は短大を選ぶことにしました。

理由は、受験した年の四年制大学の受験曲はショパンのエチュードで、短大の受験曲はベートーヴェンの古典のソナタだったからです。ショパンのエチュードは、基本テクニックはもとより、非常に敏速な指の動きとコントロールを必要とされるのに対し、ベートーーヴェンのソナタは作品にもよりますが、ショパンよりは基礎テクニックがあれば比較的演奏は容易です。まだピアノ歴の浅い僕としては、そちらのほうがいいだろうし、とにかくベートーヴェンの演奏でパスし、二年後に編入試験を受けて四年制大学に行けばいい、そういう計画を練りました。

迎えた音感テスト（聴音と、新曲視唱〈初見で楽譜を見て歌う〉と、楽典の試験で、実技試験ではない）受験当日、先生や友人、親からも激励を受け、神社でお参りをし、いざ大学へ。ところが受験会場には僕の座席がありませんでした。あれ、おかしい？

実は願書に記入はしたものの、郵送するのを忘れていたのです。僕は人生でいろいろな失敗をしてきましたが、このときほど馬鹿げた失敗はほかにはありません。

結局その日は、試験を受けられず家に帰ってきました。数カ月待って改めて受験し、ようやく音感と楽典の試験に合格することができました。

それから数日後の実技試験には、朝早くから今津先輩についてきてもらいました。受験当日まで、試験のシミュレーションを頭の中で何度もしていたので、受験会場に着いても想像していたよりは緊張はせず、描いたとおりのことが起こっている、という感覚で、冷静でした。そんな僕の横で、先輩は「眠いのになんで行かなあかんねん」とぶつぶつ文句を言っています。

しかし、練習部屋へ行くと、緊張してきました。というのは、音大受験の本番前には、教室で一時間ほど練習ができるのですが、ずらーっと並んだ教室一室一室から、同じ課題曲が聞こえてきます。他人の演奏というものは、うまく聞こえる気がするもの。

午前の練習後、にわかに焦ってきた僕は、今津先輩に「どうしよう、どうしよう」と言うと、さっきまで眠そうに文句を言っていた先輩が「他のみんなの演奏より、悟平の演奏のほうが上手だったよ」と真面目な顔で言ってくれました。

本番一週間前に、先生から「あとは勇気だ！」と言われていたのを思い出し、「よし、僕はこれ以上練習できないというほど練習したんだ！」と気分を奮い立たせて演奏。実技試験も現役で合格できました。


音大進学は「絶対に無理だ！」と言われ続けただけに、合格と知ってものすごく感激すると思っていたのですが、いざ発表を聞くと、不思議と落ち着いていました。というのは、昔から空想癖のある僕は、その瞬間を何度も何度も想像していたからです。

だから実現したときは、不思議と「あ、想像していたとおりになった！」と思っただけなのでした。それでも、時間がたってからジワジワ～っと嬉しさとワクワク感が込み上げてきたのは確かです。

この「空想癖」は、以降の人生のあらゆる場面で、僕を成功に導いてきました。

誰よりも喜んでくれた祖母

僕の音大入学を誰よりも喜んだのが、祖母でした。

祖母は、女学院時代からピアノに大変な憧れがあったようで、僕が子どもの頃から「悟平ちゃんが音楽大学に入れたらええのになあ～」と時々言っていたのを覚えています。きっとそのときから、僕の頭の中で未来の進路が設定されたのかもしれません。

音大合格の知らせを受け、入学祝いに眼鏡を買いに行ったときのことです。

お店に入るなり祖母が店員さんに「すみません。音楽大学にふさわしい眼鏡ってあります？」と言い出しました。お店の人は、「はあ？」という顔をして呆気にとられていまし

たが、祖母はお構いなく、

「音楽大学ってお金がかかって大変ですわ〜」「あらっ、悟平ちゃん！　こんな眼鏡やったら音楽大学にもかけて行けるんちゃう？」

と嬉しそうにニコニコして、その場にいた店員さん全員に向かって話し始めました。僕は、恥ずかしさで赤面し、汗が出たのを覚えています。ちなみに、僕は奨学金がもらえたので、そんなにお金はかかっていません。


このように、祖母のキャラクターは強烈でした。僕がニューヨークから日本に一時帰国した際、祖母から「悟平ちゃん、あんたちょっと健康診断受けときなさいな。おばあちゃんの行ってるクリニックの先生いいから」と提案され、僕も同意し、さっそく受けることにしました。

検査の前夜、祖母と夕食をとっていた際、

「明日って採血もするんやんな？　ってことは、注射を打つんや……。嫌やなあ……」

と、ぼそっともらすと、

「あんた、ええ年して、なに言ってるの！」

と祖母が言ったので、僕は完全に冗談で、

「注射怖いねんもん。おばあちゃん、僕の手を握っててくれる？」

と笑いながら言いました（当時三八歳）。

翌日、祖母の行きつけのクリニックへ行き、順番を待っていました。

「西川さん、お待たせしました。どうぞ～」

と呼ばれ、診察室に入り、医師に挨拶をするやいなや、祖母が診察室に入って来ました。

「あれ！　おばあちゃん、なにしてんの⁉」

と僕が言うと、

「なに言ってるの！　あんたが注射するときに手を握っててっておばあちゃんに頼んだんやないのっ！」

と大きな声が返ってきました。そして、医師に向かって、

「先生、すみません、この子注射が怖いって言いますねん。手を握っててほしいって言いますねん」

どうやら祖母には僕の冗談が通じなかったようです。

看護師さんたちは、手で顔を覆って笑いを必死でこらえていました。

僕は、全身の血が顔に上がるくらい赤面し、脱水症状が起きるくらい汗をかきました。医師が冷静に一言「いくつになっても孫は孫」とおっしゃいました。

それ以来、検診はこっそり行くようになりました。

とは言いつつ、この祖母がいなければ、幼少期にピアノやクラシックのレコードと出合うこともなかったでしょうし、音楽大学という概念が頭に植え付けられることもなかったでしょう。僕の家に、母が子どもの頃に買ってもらったクラシックのレコードのコレクションがあったことは、僕の音楽的な情操教育としても大きな財産になりました。

「おばあちゃん、ありがとう」

四年制大学への編入試験に失敗

待望の大学生活が始まったのですが、浮かれるわけでもなかったのは、二年後に四年制の大学へ編入する目標があるからで、毎日ハードな練習を続けるのは高校時代と変わりませんでした。ハノンやツェルニーの教則本はもとより、ショパンのエチュードなどで基礎テクニックから高度なテクニックまで、ずっと練習していましたが、美しい音楽を奏でるには、指だけ動かしても意味がないので、クラシックから近代音楽までの作品を時代順にひと通り勉強することにしました。

例えばバロックならバッハやヘンデル、古典ならモーツァルトやベートーヴェン、ロマン派ならショパンやブラームス、近代ならドビュッシーやラヴェルなどを勉強し、空いた時間で映画音楽やポップミュージックなんかも遊び弾きしていました。こうしたなかで幅広いジャンルの音楽を学んだと思います。

短大の卒業試験に演奏する曲として、思い入れの強い『英雄ポロネーズ』を選びました。より難易度の低い曲を選ぶこともできたのですが、あえて難曲を弾くことにしたのは、自分に対する挑戦でもありました。ロマン派の王者的存在であり、「ピアノの詩人」と言われたショパンの曲は、ただ楽譜どおり弾くだけでは、無味乾燥な演奏にしか聞こえません。

両手一〇本指をバラバラに、しかも敏速に動かすことはもとより、音色や強弱を指一本一本が独立した状態で完全にコントロールできる能力も必要です。技術的にも難しいところがたくさんあったのですが、とにかく練習を進め、成績は秀・優・良・可・不可のうちの〝優〟を取りました。

無事卒業し、満を持して臨んだ編入試験ですが、二年連続失敗しました。毎日一〇時間以上練習し、楽しみにしていた成人式にも出ずに練習を続けましたが、三年目も落ち、絶望的に悲しい気持ちに襲われました。

ピアノを始めて六年の僕にとって、これはピアノのオーディションにおける初めての失敗です。短大の受験と編入試験の難易度の差は、どのくらいかはわかりません。今になって思うことは、この「失敗する」という経験そのものが必要なことだったということです。

今後演奏を続けていく上で、失敗はつきものになってきますし、それを克服しなければなりません。失敗したあと、技術的に、精神的に、どう自分を鍛えていけばよいか、それを考えるきっかけになりました。

しかし、当時の僕は克服の仕方がわからず、わんわん泣くだけ。不合格がわかった日、阪急宝塚線の電車の中で涙が止まらなくて下を向きながら泣いていたら、横にいた知らないおばちゃんが、「はい、これ使い！」と言ってハンカチをくれたのを覚えています。溢れる涙を抑えきれませんでした。

コンプレックス

やはり、三歳くらいから毎日英才教育を受けてきた演奏家と一五歳からピアノを始めた僕を比べると、英語を三歳のときから話す人と学生になってからＡＢＣを覚えた人くらいの差があるんじゃないか……。これは僕がずっと抱き続けていたコンプレックスです。

編入試験失敗直後、またこの考えが頭をもたげ、少し限界を感じながらもレッスンは続けていました。この思いを断ち切りたい！　と思い、半年くらいたった頃、井村楽器主催のコンクールに出場しました。

もうここでは試験で与えられたような曲ではなく、好きな曲を弾こうと決めました。予選では、普段みんなが選ばない五〇番ツェルニー、本選ではリストを選び、伸び伸びと演奏した結果、入賞。ピアノの楽しさを少し取り戻した気分になりました。

でも、今は学生でもなく、仕事にも就いていない。ピアノを教えるにも生徒がすぐに集まらない。母は僕を心配し「音楽で食べていくのは難しいんだから、早く働いてほしい」と言っていたので、生活のために大阪のデパートにあった和菓子屋に就職しました。純粋に甘いものが好きで、接客が好き、しかもデパートでの割引が利くという理由で選びました。

練習してるのになぜ弾けない？

職場の仲間は皆いい人たちだし、家に帰ればなんのプレッシャーもなくピアノが弾ける。和菓子に囲まれた「甘い生活」は順調でした。

それから一年ほどたったある日、僕の目を覚ます出来事がありました。アメリカ人の友達ブレンダが、ある日突然、バリバリの大阪弁で、

「ゴヘイ、今度わたしの好きなバーに行こうよ。ピアノがあるねん。きっとナリコさん（お店のオーナー）とも気が合うと思うし！」

と言ってきたのです。

実は、編入試験を受け続けていた三年間、ピアノは一日一〇時間くらい練習する一方で、外国人と多く交流していました。アルバイトを掛け持ちしながら、台湾にホームステイをして中国語を猛勉強したり、イギリスをバックパックで横断したり。父や叔母の影響もあり外国に興味があったので、大阪に住みながら台湾人や中国人のグループに入ったり、日本の中学や高校で英語を教えるジェットプログラムのメンバーである、アメリカやオーストラリアなどの英語圏の国から来た外国人のグループに入ったりと、外国人の友人が多くいました。当時僕は英語が話せなかったので、彼らとは大阪弁で話していました。

ブレンダもそこで知り合ったうちの一人です。彼女に連れられ、大阪の肥後橋にある「People's」（ピープルズ）というバーに行くことにしました。

このピープルズですが、今ではほとんど見られなくなってしまった、歌声喫茶だったのです。歌声喫茶とは、ピアノを囲んで皆で昔の懐かしい歌を歌いながら、お酒も飲めるバーとでも言いましょうか。

オーナーのナリコさんが、国際的な視野を持っていただけでなく、彼女自身がかなりの腕前のジャズピアニストだったこともあり、この歌声喫茶には老若男女、和洋折衷というか、年齢性別国籍関係なく、昔の唱歌が流れたり、突然ジャズが流れたり、日本人と外国人が見事に交ざり合った、僕の知るなかでも最高の場所でした。

ここで僕は、ショパンの『英雄ポロネーズ』を弾いたのですが、全然弾けなくなっていました。『英雄ポロネーズ』は、大学の卒業試験のときに弾いて、優という評価をもらっていたにもかかわらず、です。

短大卒業後、アルバイトに追われているうちに、演奏はあまりせず家での練習だけになっていました。練習を怠っていたわけではないのですが、うまく弾けませんでした。

ナリコさんに、こう言われました。

「そういうときもあるよ。だけど悔しいでしょう？　悟平ちゃん、アンタもうちょっとしっかり練習して頑張ってみたら？　いつでもここで演奏すればええやん。オーディエンスはいつでもおるねんから！　もっと人前で弾く場数を踏んだらええねん」

このナリコさんの言葉が、僕に〝仕事もほどほどにして演奏再開〟のムチを打つキッカケになりました。

そして翌日から練習に集中し、ショパンの『バラード第1番』（バラード No.1 Op.23）

を仕上げることになります。高校生のときに買った、ショパン作品集のカセットテープのなかに入っていた『バラード１番』。初めは「長い曲だなあ」と思ったものの、何度か聴くうちに、美しく泣かせるメロディーに加え、その壮大でドラマティックなところにハマっていました。まるで針に糸を通すような繊細な部分があるかと思うと、曲の終結部では震えがくるほどの壮絶なドラマを展開する曲です。この曲を弾きこなすには、この辺を表現できるだけの音楽性、そして『英雄ポロネーズ』よりもさらなる高度な技巧が必要とされます。この曲を仕上げた頃には、『英雄ポロネーズ』が簡単に思えました。

チャンス到来

その数カ月後、調律師に自宅でピアノを調律してもらっていたら、その調律師は突然こう言いました。

「悟平くん、よお練習してるなあ。ピアノの内部の金属まで消耗してるで。こんなに頑張ってるんやったら、今度演奏会で弾けへんか？　ニューヨークのジュリアード音楽院出身で世界中で演奏してるデュオピアニストの二人が大阪に演奏しに来るねん。前座で弾けへんか?」

あのニューヨークのジュリアード音楽院です。竹内先生に「三時間睡眠で何年も何年も頑張ったら」入れるかもしれないと言われた、僕にとっては夢のまた夢の音楽院です。その音楽院を出て、世界中で活躍するプロのピアニストが演奏するコンサートで、まさか自分が弾くチャンスがめぐって来るとは思いもしませんでした。

しかしその頃、ちょうど和菓子屋が繁忙期に差し掛かっていました。十分な練習なんて到底無理だと思い、

「忙しくて時間がないから無理です」

と言ってしまいました。

すると、その調律師は僕の顔を見て、

「時間がないんやなくて、自信がないだけやろ?」

と言ったのです。内心ムカっとしましたが図星でした。まったく自信がないどころか、そのような場所で演奏するなんて怖くてたまらなかったのです。でも、よくよく考えれば、饅頭を売るのが忙しくて、やっと来たチャンスのコンサートを断るのは、本末転倒もいい

ところだと思い直し、その演奏会に出ることにしました。

調律師である彼の一言が、その後の僕の人生を大きく転換させるきっかけとなるとは、そのときは思いもよらないことでした。

コンサートの当日、案の定、心臓が口から飛び出るかと思うほど緊張しましたが、ニューヨークから来たピアニストのデイヴィッド・ブラッドショー先生とコズモ・ブオーノ先生は、とても優しく僕を迎えてくれました。

質問の嵐が好機をもたらす

楽屋で出番を待ちながら、なんとなくそわそわしていました。出番前の緊張もあったのですが、二人の大ピアニストに対する興味で気持ちが高ぶっていたのです。僕は、尊敬できると思った人には、とにかく直接話しかけに行きます。しかし、挨拶程度ならともかく、本番直前のアーティストに長々と話しかけるなど、演奏家の常識では無礼極まりないのです。そうは知りつつも、次にいつ会えるのかわからない、そういう必死さが僕にはありました。

「このチャンスを逃したら、次はないかもしれないぞ。人生一回、恥かいても失うものなし！」と自分に言い聞かせ、楽屋にお邪魔しました。

僕が「お話ししてもいいですか？」と言ったときの二人の穏やかな物腰に安堵し、緊張から来る震えは収まらないものの、好奇心が堰《せき》を切ったように溢れ、質問が次々に口をついて出ました。もちろん英語は話せなかったので通訳してもらっていましたが、通訳の方はたいへんだったと思います。

矢継ぎ早の質問はと言えば、いつピアノを始めたのですか？　どうやって毎日練習しているのですか？　毎日何時間くらい練習していますか？　英語はどうすれば上手になるでしょう？　どうしたら指が正確に速く動くようになりますか？　一〇本指を独立してバラバラに動かす方法とは？　緊張しない方法はありますか？　暗譜の方法とは？　演奏中に考えていることはなんですか？　僕に合ったピアノ教則本などを教えてください。今までどんな失敗をしましたか？　など、思いつく限り質問しました。

二人は、まず練習時間の長さよりも質を求めるようにすべきだと僕に言いました。そして指を鍛えるのに、テーブルの縁を使って指を一本ずつ懸垂する方法も教えてくれました。

あまりにも話に夢中で、係の人に、

「西川さん！　早く用意して、本番ですよっ！」

と言われるまで自分の出番を忘れていて、はっと我に返り、慌てて舞台袖に走りました。

無我夢中でこなした前座

その日、僕が選んだのはナリコさんに活を入れられたあと仕上げたショパンの『バラード１番』でした。この曲は演奏時間約一〇分という大曲です。繊細な弱音から強音を鳴らさなければいけないし、ピアノ奏法においては、ありとあらゆる職人的テクニックを要する難曲です。

僕はこのノスタルジックな細い旋律から始まり、徐々に徐々にと甘美なメロディーがアレンジにアレンジを繰り返し、最後は殺気を感じるほどの圧倒的なクライマックスを迎えるこの曲を、とにかく魂を込めて演奏しました。

本当に、清水の舞台から飛び降りるような気持ちで弾いたのです。最初から最後までずっと緊張し通しだったことしか印象に残っていないので、決して最高の演奏でも、傑出して素晴らしい演奏でもなかったはずです。

最後の壮絶な両手のオクターブのG音を鳴らし切り、舞台袖にはけると、ブラッドショー先生とコズモ先生が、難しい顔をしながらボソボソ話をしていました。演奏中には気づきませんでしたが、ブラッドショー先生とコズモ先生は楽屋から出てきて、僕の演奏を舞台袖で聴いていたのです。

演奏が終わると、僕に「興味深い演奏だね」と言った上で、「君のやろうとしていることは伝わる。かなりユニークだしドラマチックだ。だけど君は鍵盤の操作の仕方をよく知らない。それを習得すれば素晴らしいピアニストになれるよ」とアドバイスを述べてくださったのです。

演奏会後も引き続き僕は、楽屋でコズモ先生とブラッドショー先生を質問攻めです。このチャンスを逃すまい、というより、心からの好奇心が僕を駆り立てていました。すると、あまりの勢いに主催者の方が「明日から横浜で彼らのコンサートがあるけど、ウチに泊まっていいから君も横浜まで来る？」と言ってくださったのです。

和菓子屋の店員にニューヨークへのスカウトが⁉

もちろん二つ返事です。翌日、彼らに付いて僕は大阪から横浜まで行き、結局彼らが日本に滞在中はずっとカバン持ちをし、話をさせてもらいました。

コンサートの主催者の方は中西淳子先生といって、クラシック音楽の教育や普及に大変な貢献をされている方で、僕の情熱をいち早くキャッチしてくれて、二人のピアニストとさらにお近づきになれるように、横浜に移動してからも取り計らってくださいました。

そのおかげで、二人のピアニストと鎌倉に観光へ行ったり、居酒屋でたわいない話をしたり、音楽について時間を気にすることなくずっと話し続けることができました。さらには、レッスンを受ける機会までいただきました。

二日間一緒に過ごし、二人がアメリカへ帰る直前、ブラッドショー先生が僕にこう尋ねました。

「ゴヘイ、仕事は何をしているんだい？」

僕が、

「日本のお菓子の販売をしています」

と言うと、彼はすかさず、

「うん、それは素晴らしいね。だけど、それが君の一番やりたいことかい？」

「楽しい職場でハッピーですよ」

さらにブラッドショー先生は、

「それは素晴らしいね。だけど、それが君の一番やりたいことかい？」

と同じ質問を繰り返した後、こう言いました。

「本当に君がやりたいのはなんだい？」

一瞬答えに詰まりました。それから僕はこう切り出しました。

「できるならもっとピアノが上手になりたいです。英語も話せるようになりたい。そして僕の夢は世界中で演奏活動ができるピアノの先生になることです」

心臓がドキドキし、顔が真っ赤になりました。

当時の僕は、「幼い頃からピアノを始めないとピアニストにはなれないし、いまさら英語なんて話せやしない。まして世界中で演奏するピアニストなんてなれるわけがない」という固定観念にとらわれていたので、それを口にするのが恥ずかしかったのです。汗がどっと出るのが自分でもわかりました。

でもブラッドショー先生は僕の照れなんかお構いなしにこう言いました。

「じゃあ、そうしなきゃ。何をグズグズしているんだい？　もし君が真剣にピアノの技術や音楽を学びたければ、ニューヨークに来ればいい。僕たちの弟子にしてやってもいいよ」

「よっしゃ！　来たああっ‼」と天にも昇る心地で、今すぐニューヨークに行こう！　と思いましたが、銀行にあるのは五千円ばかり。「せっかくのチャンスやのに、五千円ではニューヨークどころか関西空港まで行って終わりやなあ。うわあ〜、どないしようっ！」

とりあえず彼らのメールアドレスをもらい、名残り惜しさに泣く泣く別れました。

行ったらええやん！

二人の大ピアニストからスカウトされた直後の僕はやる気に燃え、鼻の穴が開くほどワクワクしていました。

しかし、翌日から和菓子屋でお饅頭の販売をする日常生活に戻り、友人たちに、

「大ピアニストにニューヨークへ呼んでもらったんだけど、どう思う？　行ったほうがいいよねえ⁉」

と相談すると、ほぼ一〇〇％、

「いやあ〜、無理っしょ〜。行っても言葉も文化も違うんだから大変やでぇ」

とか、

「世の中そんな甘い話があるわけないよ。絶対に裏があるよ。気をつけなよ」

とかいう反応が返ってくるばかり。当時のピアノの先生も、

「行っても無駄よ」

とおっしゃっていました。


周りの意見を聞いているうちに、僕自身も「そうやんなあ。そんなおいしい話があるわけないよなあ。しかも僕にそんな才能あるわけないしなあ……」と思い始めました。

そして、毎日和菓子屋でお饅頭を売ることに安心と快適を感じていました。二人のピアニストにはなんの連絡もせず、なんと二カ月が過ぎていました。

そんなある日、いつものように仕事から家に帰り、ご飯を食べ、自分の部屋のベッドで寝転びながらテレビを見ていたとき、突然「僕、何してるんやろう……。せっかくあんなすごい人たちがニューヨークに呼んでくれてるのに、そのチャンスを放ったらかしにして、寝転んでテレビ見てるで……」と思ったのです。

二度とないようなチャンスがあるのに、ニューヨークへ行くことへの不安というより、普段の快適な生活環境を変えることへの不安や恐怖心があるがゆえに、現実逃避している自分に気づきました。

そうすると急に心臓がドキドキして、「行ったほうがええんかなあ？」と思う一方、「でも不安やしなあ……。どうしようかなあ……もうどうせ僕のことなんか覚えてないやろうなあ……」という考えに逆戻りするという逡巡《しゅんじゅん》を繰り返す日々が続きました。

そこで僕は、大阪在住の外国人の友人たちに相談することにしました。まずは、アメリカ人のジェイムズに、

「なあ、ジェイムズやったらどうする？　僕行ったほうがええんかなあ？」

と聞くなり彼は、

「行ったらええやん！　嫌やったら帰ってくればええねん。なにを行く前からゴチャゴチャ言うてんねん！」

とバシッとひと言。それまでは日本人の友人ばかりに相談して反対されていたのですが、外国人の友人たちは、誰もが背中を思いっきり押してくれたので、考え方の違いに驚くと同時に、勇気をもらいました。外国人の友人たちは、海外の国々から外国である日本にやってきた経験の持ち主。だから僕の気持ちをわかってくれたのかもしれません。

そして、オーストラリア人の親友ティムがパソコンで、コズモ先生に英語でメールを打ってくれました。それは非常に短い文で、「お元気ですか？　二カ月前に大阪で出会ったGOHEIです。覚えてますか？　一週間くらいニューヨークに行ってもいいですか？」といった、愛想もなにもないメールでした。

すると、その数時間後に返信があり、「もちろん覚えているよ。ずっと君からの連絡を待っていたんだ。アメリカでの生活費やレッスン代は、気にしなくていいから早くニューヨークに来るように。日本人はビザがなくても三カ月滞在できるはずだから、とりあえず三カ月来てはどうだね？　よく考えてまた連絡をくれ」と書いてありました。

ティムは、さっそくありがとうの気持ちをメールで返信してくれました。

しかし、僕もそれだけでは決断ができず、ピープルズを紹介してくれたアメリカ人のブレンダに今度は電話をかけてもらいました。

彼女もとても協力的で、「私はＧＯＨＥＩの友人ですが、本当にＧＯＨＥＩは無事にニューヨークでレッスンを受けられるんですか？　彼の滞在する場所なんかもちゃんとしてるの？」とコズモ先生とブラッドショー先生の両方に直接電話をして、確認をとってくれました。

ジェイムズ、ティム、そしてブレンダのサポートはとても大きかったです。ありがとう！

（後日三人ともニューヨークに遊びに来てくれました）。

そして、初めて和菓子屋の店長に、

「実はニューヨークのピアニストに三カ月おいでと言われています。僕は行きたいんですが、ここの仕事も辞めたくないんです。さすがに三カ月は休めませんよねえ」

とおそるおそる相談を持ちかけました。すると店長は、

「悟平ちゃん。私にはここでアンタを止めることはでけへんわ。だってアンタの将来がかかってるねんもん」

と言って僕の目を見て、

「三カ月間行っといで。この職場の籍は置いとくから、いつでも戻っておいで。その代わり、頑張ってくるねんで!!」

と激励の言葉で応じてくれました。

そして、僕はお店の皆から英語の電子辞書をプレゼントしてもらい、ニューヨーク行きを実行に移す決意を固めました。職場から欠員が出ると、その分ほかの皆に負担がかかる。それでも、快く送り出してくれただけでなく、プレゼントまで用意してくれるなんて。僕は本当に人に恵まれていることに感謝しました。

渡米に向けて準備

僕はその日から貯金を始めました。英語の勉強も集中的に行いました。朝起きたらすぐに単語帳を読んで、書いて、音読して、英単語を一日二〇個ずつ覚え、英語の構文も頭に叩き込み、空いた時間を使って、英文を音読するようにしました。

しかし、あまりにおいしすぎる話だったので、うれしさとともに本当に信用していいのかな？　という不安は、出発するまで心のどこかにありました。地元の知人らは、相変わらず「なんで悟平がニューヨークにスカウトされるわけ？　ちょっと変なことされんように気をつけたほうがええで！」と言い続けていました。

後日、二人の先生とご飯を食べているときにその話をしたら、コズモ先生が、

「だったらもっとイケメンを招待してるさ。君はそんな心配しなくていいよ！」

と言い、三人で大爆笑しました。それにしてもなぜ僕を呼んでくれたのでしょう。

彼らはコンビを組んで三〇年以上、世界数十カ国で演奏してきたピアニストですが、後にも先にも外国から彼らの住むニューヨークまで呼び寄せて、生活面からレッスン、はたまた演奏会の手配まで、すべてをサポートしたのは僕だけだそうです。一、二週間の短期で、彼らの家に滞在させ、レッスンを施したことはほかにもあるそうですが、数年にわたり面倒を見たのは僕だけでした。

二人が言うには、この三〇年、僕ほどしつこく付いてきて質問してきた人はいなかったそうです。後年、コズモ先生はブラッドショー先生がこう話したと教えてくれました。

「彼はかなり粗削りだけど、何かを訴えるような演奏をしている。僕らが彼を磨けばもっと良くなるだろう。ゴヘイより上手なテクニックを持っているピアニストはたくさんいるけれど、なぜか演奏に魅了されるんだ」

そのような評価をいただいているなど、僕は知る由もありませんでした。

第2章

アメリカンドリーム

夢のニューヨークに到着

一九九九年五月九日、僕は新天地を求め、ニューヨークに降り立ちました。

ＪＦＫ空港で、僕を呼んでくれたコズモ先生は、両手を広げ「ウェルカム・トゥ・ニューヨーク‼」と言って迎えてくれました。少し汗ばむくらいの、陽気のいい日でした。コズモ先生の運転する白いベンツに乗り、マンハッタンの摩天楼を走り抜けました。マンハッタンの印象は、月並みですが、とにかく高いビルが立ち並んでいることと、外国人が多い！　様々な髪の色や肌の色をした人が、それぞれの国の言葉を話していました。そんな景色を見ると、先行きに不安などはまったく感じず、希望だけがすべてのように思えてきました。「ひゃあ〜。ほんまに来てもうたで〜、ニューヨーク！　カッコえええっ〜！」

高層ビル群を抜け、車はさらに二〇分ほど北へ走り、ニュージャージー州のコズモ先生の持ち家に向かいました。そこは木々の多い閑静な住宅街で、僕の住んでいた大阪の住宅街とはまったく違いました。大きな家が一軒一軒緑に囲まれており、多少うるさくても、隣には騒音が聞こえない住環境です。ピアノの練習をするにはうってつけでした。

「今日からここが悟平の家だよ。自分の家だと思って好きに使ってくれ」と先生は言ってくださり、家を案内してくれました。

　そこはスピルバーグの映画で見たような、いかにもアメリカ式といった大きい家でした。家と庭の広さを合わせると三〇〇坪くらいあったでしょうか。平屋で、天井が高くて、それぞれの部屋が広い。リビングには大きな絵画が掛かっていて、暖炉があって、その近くにグランドピアノが置いてあり、どれをとっても僕の実家とはかけ離れていました。裏庭も広くて、バーベキューや小さな運動会でもできてしまいそうでした。

「うわあ～、今日からここで三カ月暮らすんやあ～。すごいっ！　夢みたいっ！」という大きな独り言が、何度も口をついて出ました。そのくらいすてきな家だったのです。

　荷物を置くと、すぐさまコズモ先生と地元のバスに乗り、マンハッタンまでの行き方を教わりながら、道中今後のレッスンやレパートリーやアメリカでの生活の話をしました。バスがマンハッタンに到着したら、ツアーの始まりです。昔、家族で見た映画『キングコング』の舞台であるエンパイア・ステート・ビルを見たときは、本物を前にして、やっとニューヨークに来たという実感がわきました。実は、ニューヨークに降り立つ直前まで

ブラッドショー先生（左）とコズモ先生

は、ニューヨークでしばらく生活をするということにピンときていなかったのです。むしろ不安でナーバスになっていたのですが、実際に着いていろいろなものを見ていくうちに、じわじわと実感がわいてきました。

それにしても本当にビルが高くて、真下から見上げると目が回りそうになったのを覚えています。

世界中から最高の才能と腕を持った人々が集まるところ

ひと通り観光をしたのち、僕らはブラッドショー先生の住むマンションへ向かいました。ブラッドショー先生の住んでいるアッパー・ウエスト・サイド・エリアは、音楽家が多く住んでいることで有名で、先生のマンションには昔、『ラプソディー・イン・ブルー』の作曲者であるガーシュインが住んでおり、さらには斜め前のマンションに、かつて一世を風靡《ふうび》した神童で、現代最高のピアニストの一人といわれているエフゲニー・キーシンが住んでいました。

数十年前には故ラフマニノフも住んでいたというくらい、とにかく音楽家にとっては最高のエリアです。建物の壁が分厚く大音響で音楽をかけても誰も文句を言いません。リンカーンセンター（音楽の殿堂）から近いことも理由の一つでしょうか。そのときの僕はもう夢見心地で、ただただ「夢なら覚めないでください〜！」と願うばかりでした。

このとき見たニューヨークも刺激的でしたが、一五年たった今は、それとは違った方向ですごみを感じています。

洗練された街並みや有名なビルや場所を巡り、ミュージカルやオペラやコンサートを楽しみ、世界中から集まるシェフが腕を振るってもてなす料理に舌つづみを打つのもいいでしょう。でも、それは一週間から一カ月の短い滞在期間でも、十分に楽しむことができるかもしれません。

ニューヨークの別の魅力は、政界やビジネス、音楽、医学、芸術、そしてスポーツなどの分野で世界中から最高の才能と腕を持った人たちが集まるところにもあるかと思います。そういった人たちと交流するようになると、今まで知らなかった世界を垣間見ることができます。そういう刺激に満ちた世界があるのがニューヨークです。僕がニューヨークの本当のすごさを知るのには、多少時間がかかりました。


このときの僕は、ただただ、憧れの地の一端に立った気分で浮かれていました。もう人生はバラ色で、心配事など何もないと思っていましたが、一つあったのです。それは食事。日本食をスーツケースにどんどん詰めていたら、乾麺や味噌汁、フリカケや米でギッシリになり、楽譜を入れるスペースがなくなってしまいました。

演奏する曲はすべて覚えていて、楽譜がなくても弾けたので、「ま、楽譜はあとでアメリカで買えばええわ」と思って渡米したのです。楽譜はどこにもなく、日本食だらけのスーツケースを見たブラッドショー先生は、「君はピアノのレッスンを受けに来たのかね。それとも日本食の普及に来たのかね？」と呆れていました。

レッスンの内容は金づちで頭を殴られる衝撃の連続

浮かれていたのもつかの間、到着した翌日から、さっそくブラッドショー先生のレッスンが始まりました。

コズモ先生から、「デイヴィッド（ブラッドショー先生のファーストネーム）は僕より先輩だし、ソロでの演奏経歴も僕より長いんだ。だからデイヴィッドから、しっかり教わるといいよ」との提案があり、レッスンは主にブラッドショー先生から受けることになりました。そして、そのレッスンの内容はといえば、金づちで頭を何度も殴られるような衝撃の連続でした。

初めてのレッスンで僕は、リストの曲集『超絶技巧大練習曲』やラフマニノフの曲集『楽興《がっきょう》の時』などから、誰が弾いても格好良く聞こえる派手な曲ばかり選んで弾きました。

弾き終えた僕に、ブラッドショー先生はこう言いました。

「別に悪くはない。けれども一度、たくさんの音がある派手な曲ではなく、一本の旋律を歌い上げるような曲を、さらに表現力豊かに演奏できるように練習してみてはどうだろう」
「自分を表現することに対して恥ずかしがってはいけないよ。自分が思っているよりもっと大げさに表現しなさい」。そして念を押すように、一言。
「Find your own voice.」（君にしかできない表現〈個性〉を見つけなさい）
言われたときは、どういうことかわかりませんでした。レッスンをしていくごとにわかったのですが、「自分の声は誰にも真似のできない自分だけのもの、自分そのものだ。それらを見つけ、恐れずに表現していきなさい」ということでした。

ただ、とても厳しく言われたことは、「音符を変えてはいけない。作曲家が意図した楽譜通り、それをひん曲げることなく個性を出すこと」。個性を出すことと、書かれた楽譜を自分の好きなように勝手に変えることとは違うということです。

一度、ショパンの作品を弾いていたとき、やりすぎなくらいテンポを伸縮（ルバート）させて弾いたことがありました。するとブラッドショー先生が、

「今なにやった！　音符の長さを変えるんじゃない！」

とすごい剣幕で怒りました。

僕は「先生が恐れずに表現しろって言ったくせに、なんで怒られなあかんねん……」と思いました。しかし、アマチュアが好き勝手に心のままに演奏する場合と、プロが書かれた楽譜の奥の奥まで、その音符の意味を感じ取り、それを知った上で自分の声をそこに乗せて演奏する場合との違いを、ここで学びました。一般的に、「音楽は感情のおもむくままに演奏するべきだ」と思われるかもしれませんが、プロは「感情のおもむきが半分、そして半分は、冷静で管制塔のような観察力が必要」なんです。

それを聞くと「え？　なんで感情的になるとダメなの？」と思われるかもしれません。でもこれは、自分の感情に溺《おぼ》れ、作曲家が意図した音符を無視し、自分勝手な演奏にならないためです。まさに、僕が怒られた点です。

僕自身がそれを理解するのに時間がかかりましたが、今思うと「自己表現は恐れないが、楽譜に忠実に！」という矛盾の中に芸術があり、日本語で言うワビサビがあるのだと思います。ワビサビは、英語で「不完全な美」と訳されることもあります。

それゆえに、一つの曲が何百年も飽きずに演奏され続けるんだと思いました。

「自分しかできない表現を見つけなさい」

また、「音楽的に弾けるように」とは、僕はまだ自分の表現に出合っていないということです。

「自分にしかできない表現を見つけなさい」――どういうことのない言葉に聞こえるかもしれません。しかし僕は、この言葉に驚愕しました。これまで自分がやってきたことは、試験やコンクールに向けた演奏でしかなかったことを、短い一言で思い知らされたのです。そのことに、たいへんなショックを受けました。

音大の四年制編入試験で不合格になった理由の一つに、「音楽性はあるが個性が強い」ということがあると聞きました。今から考えると、テクニックが足りなかったことや、演奏経験が浅かったことは否めませんが、個性を指摘されたことは印象的でした。なぜなら、自分ではきっちりかっちり弾いていたつもりだったからです。

日本で求められていることと、ここで求められていることは真逆だということです。なぜこのような違いが出てくるのか。今後の自分の演奏スタイルに関わってくることなので、少し考えて自分なりにこの文化の違いについて分析してみました。これは、日本文化や日本におけるクラシック音楽の歴史が関わってくると思います。

日本にクラシック音楽が普及し、一般的に庶民がピアノを演奏し出したのは戦後です。以来普及した演奏方法は、「ハイ・フィンガー・タッチ」といって、指を高く上げて、指を鍵盤に勢いよく落として音を鳴らす打鍵法が主流でした。

この打鍵法だと、バロック時代の作品や古典派時代の作品はある程度演奏できますが、ロマン派以降の多種多様な音色を必要とする作品では、表現に限界があり比較的色彩感のないのっぺりとした演奏になりがちです。

「ありのままの自分で演奏しなさい」

さらに、当時はクラシックというと非常に敷居が高く、姿勢を正し、服装を正し、ましてや音楽で遊ぶなどもってのほかという傾向がありました。そうした風潮のなかでピアノを習ってきた人たちが、先生になり次世代に伝えてきているわけです。どちらかというと、きっちりかっちり演奏します。

そうした「クラシック音楽に対して遊び心などとんでもない」といった考えの日本と、本場ヨーロッパから遊び心タップリの演奏家が移住し、集まったアメリカとでは、音楽作りに対して差が出るのは当たり前なのかな、と思ったことがあります。

ここ二〇年くらいは、留学される方も増えて、本場のテクニックや音楽性を習得し、日本でそれらを普及されている素晴らしいピアニストや先生方が増えているのも事実です。それでもやはり演奏に対する考えの違いが出てくるのは、アメリカは個人が主張する文化だというところにありそうです。日本では、空気を読めない人は敬遠されますが、アメリカでは個人の意見がものを言います。それも、演奏の表現に強く影響しているのだと思います。

このように書くと、僕の演奏に独自性があり、遊び心があったがゆえに大学の編入試験に合格しなかったように聞こえるかもしれませんが、単に下手だったからかもしれないと思っています。

留学経験がないから悪い、と言っているのではありません。海外で日本のピアニストが言われてきた一般論と、僕一個人の体験を通して痛切に感じたことを述べたまでです。留学していなくても、レコードやCDの普及によって、本場の音を家庭で耳にし、そこから素晴らしい音楽性を習得して演奏される方々もたくさんいらっしゃると思います。

これまでの僕は、試験に落ちた理由についてずっと考えていましたが、「自分にしかできない表現を見つけなさい」と言われてからは、自分を見つめ直して、自分なりの表現ができる演奏家になるために再出発しようとしていました。

余談ですが、最近になって、ブラッドショー先生がよく言っていた言葉をもう一つ思い出しました。それは「Let it Go!」です。僕は当初、これを「自分を解放しなさい」という意味で受け取りましたが、映画『アナと雪の女王』のテーマ曲『Let it Go』は、「ありのままで」と訳されています。僕の邦訳より直球的な訳し方で、思わずうなずいてしまいました。

「今まで習ってきたことを一度すべて忘れて、ありのままの自分で演奏しなさい」

今の自分にも、再度言い聞かせています。

派手な演奏から脱皮し、滑らかに音をつなげるレガートタッチを練習

ニュージャージー州の一軒家では、毎日朝四時まで練習に明け暮れていました。ブラッドショー先生は、僕が次々に曲を暗譜したので、「素晴らしい記憶力だ！」と絶賛してくれましたが、毎日明け方まで半泣きで練習していたからです。僕にもし素晴らしい記憶力があれば、そんな時間まで練習しなくて済んだはずでしょう。

レッスンでは先生が実際に模範演奏を見せてくれ、そのあまりの美しさに涙が何度も出てきたものです。細かい音楽表現についてじっくり伝授してもらう一方で、効率的で驚くような練習方法やコンサートでの心得など次から次に、目から鱗が落ちるレッスンを受け、僕は乾いたスポンジが水を吸い込むような勢いで学んでいきました。

演奏についてブラッドショー先生が特に強調したのは、「レガートタッチ」（滑らかに音をつなげる奏法）で、そのために数あるショパンの『ノクターン』（夜想曲）から、毎週

三曲ずつ暗譜し、レッスンを受けていました。この究極のレガートタッチがなくては、ショパンのノクターンを歌うように演奏するのは難しいのです。

実は、ピアノを派手に弾くことは、あまり難しくありません（もちろん曲にもよりますが）。ピアノという楽器は、「鍵盤楽器」に属しますが、指で鍵盤を打って音を出すという意味では、「打楽器」でもあります。

一音ポーンと音を出すとします。この一度出た音は、人間の意思ではどうにもなりません。出してしまったら、それ以上大きくすることも小さくすることもできず、自然に消えていくだけです。

この一音の連なりでメロディーを奏でるわけですが、単に弾いただけでは、音の羅列にすぎません。けれども修業を積むとまるで肉声で歌い上げるように演奏することができます。そのためには、滑らかに音をつなげるレガートタッチや繊細な指先のコントロールを習得していないことには話になりません。そうでなければ、簡単で単純なメロディーすら音楽的には弾けないのです。

このレガートタッチができていなくても、音符の数が多くテンポの速い派手な曲であれば、ある程度は音の響き自体に圧倒されて、微妙な音楽性をごまかすこともできるのです。

しかしながら、歌うように奏でることは単に長時間の練習で得られるものではなく、演奏家の経験が問われます。生き様やその人そのものが音に出るからです。

この頃の僕は、一〇本の指が問題なく動いたので、テンポが速く、派手な曲を弾くのが好きでしたが、逆にゆったりとした歌い上げるような曲は苦手でした。歌い上げるような曲が嫌いというわけではなく、美しく歌い上げたい気持ちはあっても、実際にどう演奏をすればいいかわからなかったからです。

一〇年間のレッスンで盲点となっていたレガートタッチの練習を、僕はゼロから始めました。

音量を上げずに、しかしうしろまで響く音を出すこと

先生はレッスンの度に、将来のリサイタルに向けたプログラムを考えておくように、と言っていました。ブラッドショー先生は「無名の頃に開くリサイタルなら、バロック音楽、古典派音楽、ロマン派、近現代の音楽をすべて網羅したプログラムを作れるようにレパー

トリーを増やしなさい」と言いましたが、それはすべての時代の作品をキチンと演奏できることを証明し、正統派のクラシックピアニストだと認めてもらうための方便だそうです。僕は、言われたなかから、それぞれ、バッハ（バロック時代）や、ベートーヴェン（古典派）、ショパン（ロマン派）、ドビュッシーやラフマニノフ（近現代）のレパートリーを選び、勉強していました。

その上で、「どれだけ優しいピアニッシモ（pp）の音でも、コンサートホールにいる三千人のお客さんの一番うしろまで響くピアニッシモを作れるようになりなさい」と、繰り返し言われました。それは、単に弱い音ではなく、ピアノの弦が芯から響くソフトな音を指でコントロールし、作り出せるようになりなさい、という教えでした。

どのように練習したかというと、弱音で弾く部分（音）を、初めはわざとフォルテ（強音）でゆ〜っくり弾き、一音一音を弾く指先で鍵盤の底を感じるようにしました。もちろん手首も肘も肩も脱力しながらです。そうすると、精神的にも肉体的にもピアノとのコネクションが強くなります（脳に神経回路を作るのです）。そうしてから、だんだん音を弱めていきました。

いきなり弱音を弾こうとすると、音がかすったり、全然音が出なかったりするか、小さく弾こうとするあまり力んでしまって結局大きな音が出てしまったりしてしまい、コントロールに悩みました。

「ピアニッシモ」を遠くまで響かせるということ、つまり、「音量を上げずに、しかし遠くまで響く音を出す」ということ。この、一見矛盾したテクニックは、派手好きで、つい音量でアピールしたくなる僕にとって、一番難易度が高いものでした。

指慣らしも心の準備もないままでの抜き打ち演奏

時には荒療治のようなレッスンもありました。ある日、先生の数名の弟子たちが演奏するコンサートで、ピアノを弾く機会がありました。「ゴヘイの番は最後にするよ。だから準備をして待っていてくれ」と言われました。僕が以前の前座のとき同様、口から心臓が出そうなくらい緊張しているのを先生は知っていました。

最後の出番だと聞いていたので気を抜いていたら、突然「トップバッターはゴヘイ。弾け！」と言われ、僕はジェスチャーで必死に「えっ？　最後でしょ!?」と訴えましたが、あっさり取り下げられ、有無を言わさず弾かされました。指慣らしも心の準備も何もないままだったので、結果はさんざんでした。

演奏後に「どうして最後だなんて言ったんですか?」と半泣きで聞くと、先生は「プロになったら、毎回毎回十分なリハーサルや心の準備ができないまま人前で弾かなきゃいけないときもあるんだ。そのために必要な体験さ」と言って、悲惨な演奏をした僕を見て笑っていました。そのときは、「意地悪!」と思いましたが、今ではとてもいい経験になっています。それ以来、どこでもすぐに弾けるようになるために、意識して練習するようになりました。

ブラッドショー先生もコズモ先生も、とにかくいろいろな人たちの前で、一度でも多く演奏することの大切さを話していました。いくら練習室でうまく弾けたとしても、お客さんを前にしたときの緊張や舞台のコンディションによっては、普段の練習どおりに弾けるとは限らないからです。

ある有名な経営者が、「英語を話すために、独学でしっかり準備している人と、実践から入って、恥をかきながらでも習得していく人、どちらが成長が早いか。間違いなく後者だ」と言っていました。これは、「英語」を「演奏」に置き換えても言えることです。「練習」も必要だけど、「恥をかく経験」も同じくらい必要。若い頃の恥はかき捨て。身をもって実証しました。

「リンカーンセンターで演奏会」のサプライズ

そうこうしているうちに二カ月がたち、レガートタッチで歌うような演奏もできるようになったある頃、二人の先生から「実はサプライズがあるんだ。君が日本へ帰る前に一度ニューヨークで演奏会をしてみないか？　場所はリンカーンセンターのアリスタリーホールだよ」と言われました。

「リンカーンセンターって、あのリンカーンセンター!?　すごい！」

大喜びしましたが、演奏会そのものの現実味がなさすぎて、僕はあまり実感がわきませんでした。まるで宝クジの一等を当てたような気分でした。

いや、宝クジには当たったことはありませんが、何かこう、「実感がまだないんだけど、とにかくスンゴイことが起こってる。マジこれ!?　マジでやるの!?」という感じです。日本ではあまり知られていないかもしれませんが、ニューヨークのリンカーンセンターといえば、世界中の芸術家たちが目標にしている、憧れの場です。

世界に名だたるコンサートホールや劇場がここに集まっており、世界三大オペラハウスの一つであるメトロポリタン歌劇場も、僕がピアノを始めたときに雲の上の存在と思っていたジュリアード音楽院もここにあります。アリスタリーホールは、ジュリアード音楽院の真下にあるコンサートホールで、全米屈指の演奏会場です。

さっそく実家に報告の連絡をしましたが、どうも話が通じない。大阪府堺市出身の僕の家族は、リンカーンセンターといわれると、どうしても臨海工業地帯にある臨海スポーツセンター（臨海センター）を思い起こしてしまうようで、事の大きさがわかるまでかなり時間がかかりました。といっても、僕のほうもアリスタリーホールをせいぜい一〇〇名くらいが入れるサロン程度の広さだと思っていました。

アリスタリーホールは、リンカーンセンター内にあるジュリアード音楽院の一階に設立された、千名以上収容できるホールで、ニューヨーク国際映画祭の会場でもあることからわかるように、檜舞台と呼ぶにふさわしいホールなのです。ともかくそれからの僕は、寝る間を惜しんで練習に励みました。

「必ず、きたチャンスは逃がさず掴むこと。まずはやってみるんだ」

初めのうちは「やったー！」くらいでしたが、コンサートの日程が近づくにつれドキドキしだしました。毎日のようにレッスンをしていたとはいえ、しょせん二カ月程度の話。個人差もあるでしょうが、一般的な話をすると、ピアニストが自分一人のリサイタルをする場合、その準備期間に約一年はかけます。

しかも、リサイタルプログラムで演奏する曲が一〇曲あったとして、そのうちの一曲を仕上げるだけでも何カ月もかけます。その仕上がった曲をあちこちで演奏し、自分のものにしていく。その総決算を披露することが個人のリサイタルだと思っています。そうして仕上げていった曲を何曲も並べて一つのコンサートで演奏するわけです。普通は……。

だけど僕の場合は、二カ月間、バロック時代、古典派、ロマン派、近現代の曲を弾いただけです。演奏会が近くなると、うまく弾ける自信がだんだんとなくなってきて、ブラッドショー先生に「あのう、お気持ちは嬉しいんですけど、僕やっぱり自信がないです」と、弱音を吐き始めました。

するとブラッドショー先生がこんな話をしてくれました。

「昔ね、私がジュリアードを卒業してすぐの若かった頃、とあるコンサートプロデューサーに呼ばれて会ったんだよ。そこで『ラフマニノフの〈コンチェルト3番〉は弾けるか?』と聞かれたんだ。私は『もちろん弾けます!』と答えたんだ。すると、そのプロデューサーは『素晴らしい。実は二週間後に、コンチェルトコンサートに出るはずのピアニストの具合が悪くなって、代理のピアニストを探していたんだ。ぜひ頼む!』と言われて契約を取ったんだ」

僕は、

「僕が大好きなコンチェルトです!」

と言って、興奮して聞いていました。すると、

「ゴヘイ、実はその時点で、私はその曲を演奏したことがなかったんだよ」

「はあ!?」

「私はまだ若くて、せっかくきたコンサートの仕事を断りたくなかったんだ。だからできるって言ってしまったんだよ」

「それで、どうしたんですか？」

「弾いたよ。二週間後に。だけど、二週間寝ずに練習したし、当日は死ぬかと思うほど緊張したよ」

ラフマニノフの『ピアノコンチェルト3番』といえば、現在地球上に存在するピアノ曲のなかでも、最も難しい曲の一つで、一曲で四〇分くらいあり、音符の数でいうと約三万個あります。

しかもフルオーケストラをバックに、ピアノが前面に出て奏でる壮大な曲なのです。

「それで、どうなったんですか⁉」

「本番では思ったようにうまく弾けなくて、相当落ち込んだんだ。そして演奏後、すぐに楽屋に引きこもっていたら、プロデューサーが走ってきて、『聴衆がまだ拍手をしている！早く舞台に戻れ！』と言うんだ。なにがなんだかわからなかったよ。だけど、大成功だったんだ」

そして、こう言いました。

「ゴヘイ、君に二つのことを知ってもらいたい。完全な準備ができるのを待っていたら、いつになるかわからない。必ずきたチャンスは逃がさずに掴《つか》むこと。まずはやってみるんだ。それから、自分ではだめな演奏と思っていても、人から見れば素晴らしいと思われることもある。自己評価をあまり低くせず、自信を持つことも必要だよ」

僕は感動しましたが、こう聞きました。

「でも、もしそれで本番でメチャクチャになっちゃったらどうするんですか？」

するとブラッドショー先生が、

「……舞台上で気を失ったふりをして、倒れ込めばいいんじゃないか？　実際、世界的に有名なピアニストが、本番中に音がわからなくなって（音符を忘れてしまって）、途中で収拾がつかなくなり、舞台上で気絶したふりをして難を逃れたそうだ」

と、教えてくれました。

この話を聞いて、リンカーンセンターでのコンサートに出る決意を固めました。

夢にまで見たニューヨークデビュー

コンサートの当日、ニュージャージー州の家にコズモ先生がまたしても白いベンツで迎

えに来てくれて、

「ゴヘイ、気持ちの準備はできたかい？」

と微笑みかけてくれました。

車がニューヨークとニュージャージー州をまたぐ、ジョージ・ワシントン・ブリッジを渡るとき、眼下を流れる巨大なハドソン川と超高層ビルの立ち並ぶマンハッタンを車窓から見ながら思い浮かべたのは、「音大にピアノ専攻で行くなんて絶対に無理だ！」と音大受験をあきらめるよう説得させられそうになったことや、四年制大学編入に失敗し続け、練習するために成人式に行けなくて悲しかったこと、電車の中や自分の部屋でメソメソ泣いていたこと。過去の様々な思い出が駆け巡りました。

心の底から「あきらめなくてよかった」と思えた瞬間です。「ジュリアードっちゅうたらなかなか入れんぞ。そやけど、おまえが二四時間のうちの二一時間を練習にあてて、三時間睡眠で何年も頑張ったら、ひょっとしたら可能性はあるかもしれんな」と言った竹内先生に、なんだか今すぐ「ジュリアードに入るどころか、リンカーンセンターで演奏会やっちゃいました！」と伝えたくなりました。

そんな思いに浸っている間に、車はリンカーンセンターに着きました。

ブロードウェイ通りを渡ろうとしたものの、あまりの重厚な建物を前に足がすくみ、いつまで経っても信号を渡ることができません。信号機が、青、赤、青、赤……と点滅するのを五回くらい見送ったでしょうか。なんとか建物の中に入りましたが、本番が近づくにつれてさらに緊張は高まり続け、トイレにこもって便器と壁の隙間に入り三角座りをしたまま動けなくなりました。

意を決して舞台袖に移動し、待機していると、舞台裏のスタッフたちが僕に言うのです。「エンジョイ！」（楽しんでね！）。一瞬意味がわかりませんでした。怪訝な顔をしていたら、スタッフの一人が「演奏者のあなたがエンジョイしなくちゃ、お客さんはエンジョイしないわよ！」と言いました。そうか、日本では「頑張って！」と言うけれど、アメリカの感覚は違うんだなと改めて思ったものです。

ホールを見ると、お客さんは白人、黒人、ラテン系、アジア人と外国人ばかりでびっくりしました。アメリカだから当たり前だろうと思うでしょう。しかし、僕はつい二カ月ほど前まで大阪のデパートの和菓子売り場で頭巾をかぶって饅頭を売っていたのです!!　それが今はニューヨークのリンカーンセンターの大ホールで、映画でしか見たことがないような数の千人もの外国人が目の前にズラッと並び、じっと僕を見ているのです。

狐につままれたような気分でした。と同時に、そのような場所で演奏できることに対し、この上ない幸せを感じました。

結果は大成功

僕はこの演奏会では、派手な曲よりも、しっとり聴かせる曲をより多く弾きました。ブラッドショー先生とコズモ先生の二人に、プログラムの構成を一緒に考えてもらったときにこうアドバイスされたからです。

「派手な曲だけを弾いて聴衆を驚かせるより、美しい曲を歌い上げるように甘美に演奏して、聴衆を魅了するのもいいと思うんだが。ゴヘイはどうしたい?」

今まで派手な曲を積極的に選んできた僕に、試練を与えるための提案でした。ニューヨークに来てから必死に練習した、歌い上げるタッチの奏法の腕試しです。

僕もその案に賛成し、これまで何度も登場した、ショパンの『ノクターン』を数曲と、リストの演奏会用エチュード『ため息』などの甘美な曲を多数弾きました。もちろん、ラフマニノフの『楽興の時第4番』のような派手な曲も入れました。

結果は大成功でした。きっと派手な曲だけを弾いていたら、他にもっと素晴らしいテクニックを持ったピアニストたちの陰に埋もれた可能性が大いにあったと思います。

こうした歌い上げるテクニックを短期間で習得できたのは、レッスンの度に目の前で先生自身が演奏をしてくださり、まさに間近で、米国の人名事典『Who's Who』に名前が載っているブラッドショー先生のようなピアニストが弾く演奏を聴くことができたからだと思います。

目の前で演奏してもらい、すぐにその場で僕がその技を真似る。

この繰り返しが短期習得の鍵だったと思います。これこそ、僕が理想とするピアノレッスンでした。

幸いにもこの演奏会がうまくいったことで、すぐにカーネギーホール（その中でもウェイル・リサイタルホール）でデビューする話が舞い込んできました。カーネギーホールも、ミッドタウンにある歴史の古いコンサートホールで、音楽家なら誰しも憧れる演奏会場です。

もう天にも昇る気分でしたが、この時点で、まだ僕は和菓子屋さんに就職している人間です。約束の三カ月が経ち、ひとまず日本に帰国し、将来のことをじっくり考え抜いたうえで、店長に相談しました。

店長は「寂しくなるね」と言ってくれましたが、ニューヨーク行きの背中を押してくれました。そして、辞表を出し、一カ月間、次の社員への仕事の引き継ぎをしました。

再度頭巾をかぶり、お饅頭を売りながら、ニューヨークの光景が夢だったかのような錯覚にとらわれました。

練習とレッスン、そしてコンサート。ピアニストとしてのキャリアも順調

さて、二度目のニューヨークの生活では、コズモ先生がビザのスポンサーになってくださったので、引き続き同じ大きな家に住んだのですが、そこには家政婦さんがいました。

庶民派の僕は家政婦さんが来られる前に掃除をして、家をきれいにしておき、到着したと

きはお茶を出していました。あとになって、それが家政婦さんのお仕事だと知りました。

ピアニストとしてのキャリアも順調で、普段は新しいレパートリーを増やす練習と、先生によるレッスン、そしてコンサートが続きました。練習時間は、前回の滞在時と変わらず、夜から明け方まで七、八時間。日中は、ちゃんとした英語を身につけるため、大学にも通っていました。さらには学校には運転手が送り迎えをしてくれました。すべては順調。当時の僕にとって、これぞアメリカンドリームの実現でした。

僕は今、数カ月前には想像もつかなかった環境にいる。経歴に対するコンプレックスをずっと持っていたけれど、リンカーンセンターやカーネギーホールで演奏できている。この奇跡のような現実から考えると、実は演奏家になるには正しい道というものはないのかもしれない、とすら思うようになりました。

あるとき、日本から選り抜きのとても優秀な学生たちがジュリアード音楽院の教授たちのレッスンを受けに来たので、僕が通訳することになりました。学生たちは僕が逆立ちしてもかなわないような、度肝を抜く抜群のキレ味とシャープなテクニックで見事に難曲を弾きこなしていました。僕が呆気にとられていると、教授が一言その学生に向かって言いました。

「素晴らしいテクニックだ。だけど君は演奏の中でいったい何を伝えたいんだい？」

そこから先の意見はあまりに教授の独断的な見解で、訳に困り果てたのですが、彼はハッキリこう言ったのです。

「日本人の多くはテクニックがすごくて、傷ひとつない美しい演奏をする人がたくさんいる」。さらにその後、「Too clean, Too boring!」と続けたのです。直訳すると「クリーンすぎて、退屈すぎる！」です。

彼は「音楽は何かを語りかけるようにメッセージ性をもって演奏される必要がある。教科書のような無味乾燥な演奏は誰も興味ない」と表現について熱弁をふるい、それを聞いたあとの学生の演奏は、白黒からカラー画像に変わったかのような変化を遂げたのです。

そういう様子を見るにつけ、音楽を学ぶ方法はいくらでもあるし、日本人は、もうちょっとハジけてもいいかもしれないと思います。

通訳をしながら、僕自身も、ニューヨークに来てから最初にブラッドショー先生から言われた「Find your own voice.」を反芻《はんすう》していました。

超一流ピアニストたちと会えた！

この頃に体験した素晴らしい出来事のうちの一つに、僕が子どものときから大好きなピアニスト、マルタ・アルゲリッチさんとの出会いがあります。

中学生のときに彼女の演奏するチャイコフスキーの『ピアノコンチェルト第1番』を聴いて、心臓が止まるかと思うほど感動したのです。アルゲリッチのポスターを自分の寝室に貼っていたくらい好きでした。そのことをニューヨークの音楽関係者に伝えると、なんとアルゲリッチさん本人に僕の話をしてくださり、彼女がカーネギーホールの大ホールでチャイコフスキーの『ピアノコンチェルト第1番』を演奏する際に招待してくださったのです。

演奏後、楽屋に招かれ、

「ニシカワさん！」

と日本語で呼ばれたあとに、英語で、

「本番前に会えなくてゴメンなさいね、演奏前って私、ものすごく緊張しちゃって」と言われ、驚きました。世界の頂点にいる大ピアニストが、僕に、緊張したとか、ゴメンなさいね、などと言うなんて。「やっぱりアルゲリッチも普通の人間なんだ」と思うと同時に、彼女の素直さとフレンドリーさに感動しました。

このとき、彼女を目の前にして緊張しすぎて呼吸ができなくなったのを覚えています。そして「子どものときからあなたの演奏が大好きです」と言いたかったのを、「生まれる前からあなたの演奏が好きです」と間違えて言ってしまいました。それくらい緊張していたのです。

そのとき部屋にいたのは、アルゲリッチ本人と、指揮者であり彼女の元旦那さんのシャルル・デュトワ、そしてエフゲニー・キーシンでした。キーシンも僕の憧れの人です。高校生のときに初めて彼の大阪での演奏会に行き、サイン会でもらったサイン付きポスターをピアノの横の壁に貼り、毎日拝みながら練習していたくらいです。偶然にもキーシンとアルゲリッチは仲良しだったのです。

大阪の演奏会後のサイン会でキーシンと会ったときは、僕はまだピアノを始めて間もない頃で、まさかその八年後に、ニューヨークのカーネギーホールのアルゲリッチの楽屋で、キーシンと会えるなど想像もしていませんでした。それから一週間は興奮が冷めず、まともに眠れませんでした。

その後、アンドレ・ワッツやジャン＝イヴ・ティボデ、ラン・ランなど超一流ピアニストたちと会う機会を得ましたが、皆さんとても気さくで本当に驚きました。実際、一流の演奏家たちは、まったく偉ぶることなく、むしろ人懐っこいし謙虚です。なかには「皆、私をまるで神を崇めるように扱ってくれるけど、そうすると淋しさと孤独を感じちゃうのよ」と話す演奏家もいました。

ジャン＝イヴ・ティボデが、僕に向かって大真面目な顔で、

「マルタはなぜあんなふうに弾けるんだと思う？」

と聞いてきたときには、自分の耳を疑いました。

ＣＤのジャケットやＤＶＤでしか見たことのない彼らが、自分の演奏に対する悩みとか、舞台前の緊張の度合いの話を僕にしてきたときは、その光景の非現実さにクラクラしたと同時に、話の内容に親しみを感じました。

夢と希望に溢れて、キラキラとして幸せな時間だった

もちろん僕とはまったくレベルが違うと思いますが、彼らが言うように、芸術を遠く思う瞬間があります。

例えば、ある地点を目指して、がむしゃらに頑張って到達したとします。それまでは、そこが目指していたところだったはずですが、そこに到着した瞬間、今まで見えていなかったさらに向こう側の目指すべき地点が見えてくる。望遠鏡のクオリティーが上がれば上がるほど、宇宙が果てしないということがわかるように。その繰り返しで終わりがない。それが音楽を含めた芸術です。

さらに音楽は時間芸術であり、一度演奏したものは過ぎていくしかなく、後戻りできません。

絵画のような空間芸術と違い、修正できないのが時間芸術の特徴で、生まれた瞬間に消えていく儚《はかな》いものでもあります。だからこそ、演奏者はその瞬間のために全身全霊をかけ

て演奏します（絵画には絵画の生みの苦しみがあると想像します）。

一流の芸術家が胸に秘めた思いを話してくれる。僕には現実ばなれしすぎてトワイライトゾーンの中にいるような気分でした。この時期は夢と希望に溢れて、本当にキラキラとした幸せな時間でした。

美しい家に住み、グランドピアノで存分に練習でき、掃除は家政婦さんに、移動は運転手さんに任せればいい。なに不自由ない生活が続きました。昔から会いたかった演奏家たちに個人的に会えて、彼らの演奏を間近で聴かせてもらうこともありました。これはお金では買えない、贅沢の極みです。死んでもいいと思えるほどの幸福感がありました。

けれども、僕の生活はまた一八〇度転換します。

第3章

幸福の絶頂からどん底へ

積み重なるプレッシャー

順調に思えたピアニストとしてのキャリアでしたが、演奏する舞台が大きくなるにつれ、プレッシャーも大きくなってきました。当たり前ですが、皆が期待を持って僕の演奏を聴くようになります。

僕の場合「ニューヨークへスカウトされた」という噂が一人歩きしたわけです。つまり、「へえ、スカウトされたんなら、飛び抜けて相当すごい演奏を聴かせてくれるんでしょ?」という態度で構えているわけです。

僕はピアノに恋をして以来、「死ぬまでにこれくらい弾けるようになりたいな」という素朴な思いで練習してきただけでした。幼少期から英才教育を受け、一流のピアニストになるんだ!! と心に決め、過酷な練習を経て競争に打ち勝ってきたサラブレッドのようなピアニストではありません。「あんな曲がいつか弾けたらいいなあ」と夢を持って練習して、いざ弾けるようになって、心を込めて演奏したらドーンと檜舞台が用意されていて、いつの間にか評論される立場になった、という感じです。

また、僕は誰よりも速く正確に指が動き、研ぎ澄まされた最高のテクニックを披露するタイプのピアニストではありません。僕がほかのピアニストと違うところは、自分ではわかりませんが、きっとなにがしかのユニークさとメッセージ性を持って演奏をしていたからだ、と言われるところにあるのでしょう。


しかし、評論というのは様々です。一番初めに演奏したリンカーンセンター・アリスタリーホールでは、ニューヨーク在住のアメリカ人からの評判は良かったのですが、ニューヨーク在住の日本人は厳しく評価してきました。楽屋に感想を伝えに来てくれたのですが、そのほとんどは「あの部分の一六分音符のリズムが正確じゃなかったですね」「普段はにこやかなのに、舞台では真剣そのもので、緊張してたのかしら。可哀想に。見てられませんでしたわ」「音がソフトすぎる部分があって、華やかさに欠けましたね」など、あまりいい内容ではありませんでした。この事実は、僕にはとてもショックでした。

本番ではもちろん緊張はしますが、気持ち良く弾けました。真剣な顔をしていたのは、真剣に弾いていたからです。

こうした感想をコンサートのあとでブラッドショー先生に伝えると、顔を真っ赤にして激怒しました。なぜなら「音がソフトすぎる」と言われたところは、ショパンが「ソフトに」と指定してある部分でした。『ノクターン』(夜想曲)は、決して華やかなタイプの曲ではありません。「リズムが正確ではない」部分は、5連符7連符といって、奇数なので割り切れず、わざとリズム的にズレが生じるようにしてある音符があるからです。こういうところをどういうわけか楽譜を知りもしないで、僕に指摘する人が本当に多く、しかも全員が日本人だったことに悲しい思いをしました。

一番の理不尽な評論は、一度スクリアビンというロシアの作曲家のエチュードを演奏した際、「あなたのエチュードの演奏は、あまりに技巧的すぎて、まるでテクニックを見せびらかしたいような演奏で、まったく心に響かなかったわ」というものです。

これを、わざわざ楽屋まで言いに来た日本人の方がいらっしゃいました。実は僕はそのエチュードをあまり速く弾けなかったので、実際の指定の速度よりも少し遅めに、その代わり歌うように演奏したのです。だから、「そんなに技巧的に弾いてました？　指定の速度よりも少し遅めに弾いたんですけど」と言うと、「あらそうなんですか？　知らない曲なので気づきませんでした」とおっしゃいました。

エチュードを直訳すると、練習曲です。過去の大作曲家たちは、練習曲をも芸術作品にまで引き上げ、スクリアビンのエチュードも練習曲の枠を超えた芸術作品でしたが、やはりエチュードにふさわしく、技巧的な部分は多々あるわけです。技巧的に聞こえるのは当たり前なのです。

なぜ、知らない人がいちいち僕にそのようなことを言いに来るのか本当に不思議でした。そしてその当時の僕は、そのたびに一喜一憂しながら、人の言動に心を痛めることが多かったのです。未熟でした。

またもコンプレックスの暗雲が

先生は落ち込んでいる僕を見て、「一切評論を人から聞くな！　自分の演奏を貫き通せ！」と言いました。「They don't know anything but shit!」（そいつらは、クソ以外のなんにも知らないんだ！）と強い調子で言って、僕を慰めてくれました。

しかし翌週になっても、僕は落ち込んだままでした。そういう僕を見て、ブラッドショー先生自身がかなり落ち込んでいたと、コズモ先生からあとから聞きました。プロになるとはそういうことなのだと、厳しさを実感しました。ケチョンケチョンに言われるのが当たり前の世界に来たのだと思いました。この時点で、僕のピアノ歴はまだ一〇年です。三歳から僕がピアノを始めたとしたら、まだ一三歳の少年の演奏の成熟していない時期でした。まだまだ未熟なところがあったのですが、その当時の僕には自分の置かれている状況を冷静に受け入れることができませんでした。

今、もし同じことが起こっても、自己の確立がずいぶんできたので、動じることは少ないと思います。だからといって、やはり面と向かってネガティブなことを言われるといい気はしません。それに一〇人中九人が、丹精込めた作品を「すてきですね」と言ってくださっても、たった一人がネガティブなコメントをしてきたら、やはり少しは気になると思います。どこか心の片隅に、スッキリしない何かが残ると思います。今でさえそうですから、当時の僕は他人の意見を真に受けて引きずられてしまいました。

ピアノを思いのままに演奏することが好きで、ブラッドショー先生からもそうするように言われていたのに、そのうち、だんだんと皆さんの期待に背《そむ》かないように演奏することを考えるようになってきました。

あるパッセージ（節＝フレーズ）を練習しているときも、「あ、この部分を僕は本当はこう弾きたいけど、こう弾いたほうが一般受けするな」とか「この部分、このテンポで弾きたいけれど、もうちょっと速く弾かないと、また変な評論をされちゃうかも」などと、邪念が入ってくるようになったのです。

そんな葛藤がわくようになると、緊張の度合いが日に日に増していき、練習はピアノではなく、むしろ自分との戦いになりました。

今思うと、すべては僕自身の弱さが引き起こしたことだと思いますが、練習している間も、楽しく心から音楽を感じて弾くというよりは、「また今度ネガティブな意見を言われたらどうしよう」といった心配が大きくなり、異常なまでに練習を繰り返すようになりました。

たいていのピアニストは、同じフレーズを何度も繰り返し練習しますが、僕の場合はその繰り返し練習を心身ともに非常な緊張状態で、異様なくらい繰り返しました。ブラッドショー先生とコズモ先生にも、「練習のやりすぎは良くないよ」と注意されたくらいですが、僕は「とにかくやらなきゃ！」と思い込み、何時間も硬直した心と体で練習を続けました。

そのエネルギーの根源は〝劣等感〟だったと、今ならわかります。僕の抱えていた劣等感とは、遅くからピアノを始めたことです。ピアノを始めた当初から感じていた、英語を三歳のときから話していた人と学生になってからＡＢＣを覚えた人の違いです。たとえ十分な努力をしても日本語を話すかのように英語を話すのは難しいのではないか。練習をしている間にも、いつも強烈なプレッシャーと緊張、強い劣等感に悩まされていました。


逆にそれがバネとはなっていたのも確かですが、やはり世界の檜舞台で勝負となると、それを原動力に演奏するには辛いものがありました。しかもよくないことに、日本で習った数名の先生から、「あなたがいくら頑張っても、メッキははげるのよ」と言われていたことも深く心に残っていました。当時、どういう意味か尋ねると、僕がピアノを始めたのが遅いので、どれだけ頑張っても、ちゃんと演奏することは無理だということでした。

それが一〇代の僕の心に傷となって残り、ニューヨークにきてからも、いつも劣等感の大きな要素となっていました。その言葉が日を追ってリフレインするようになっていたのです。その先生の言葉がトラウマとなり、さらに自分を追い詰めてしまっていました。周りから見ると華やかな暮らしに見えても、やがて毎回の演奏会が恐ろしくなってきました。一度いい演奏ができたとしても、お客さんはそれを基準に次はもっといい演奏を求めます。前回と同様の演奏をしても、絶対にそれ以下のクオリティーの演奏はできません。

わりばしが割れるほど、指が意志とは関係なく内側に曲がる

強烈な心身の緊張がもたらした変調は一年もたたないうちに訪れました。次第に左手がこわばってきたのです。異変を感じてから半年くらいは、ひきつりか、軽い痙攣《けいれん》が起こったかな、と思い、だましだまし弾いていました。

ある日、モーツァルトのソナタを弾いていると、やたらと左手の薬指がつっかえることに気づきました。スムーズに下降の音階が弾けなくなったのです。

なぜだかわかりませんでしたが、よく観察してみると、薬指が内側に自分の意思とは関係なく曲がってしまうのです。

その現象は奇妙なことにピアノを弾いているときだけ起こり、しかもややこしいのが、ある一定の決まった音型のときにだけ発症しました。

思い返すと大阪音楽大学短期大学部在学中にそのような状態になったことはありましたが、調子がいいと通常どおりに弾けたので、きっと変な癖がついたのだろう程度にしか思っていませんでしたし、「演奏テクニックが足りないんだ」くらいで片付けていました。

でも、今回の症状は治まることなく、そのうち手のひら全体が硬直する感覚が、スローな曲を弾いているときに度々起こるようになりました。逆に速いテンポで音が多いラフマニノフのような曲は普通に弾けました。本当に変な感じでした。

やがて右手の中指が演奏中に内側に曲がり、さらに薬指が曲がるようになりました。左手の硬直を感じてから、おおよそ一年以内に次々と発症し、さらには左手の小指、中指が内側に曲がるようになってきたのです。

普段の生活ではまったく何も問題がないのですが、ピアノを弾いている間だけ、まず左手が引きつり、指が手の内側に意思とは関係なく曲がる。原因がわからず、僕は「無理な練習がたたったのだ。練習をやりすぎて、きっと筋肉が疲れているんだろう」と思い、マッサージセラピーを受けることにしました。

セラピーでは、マッサージのほか微電流を流したり、ストレッチもやりました。それに加え、手首の関節を強くする軽い筋トレも、セラピストの指導の下、続けていました。同時進行で水泳にも週に何度か通い、全身を動かすようにしました。これらを半年以上続け、健康にはなったものの、手の症状にはなんの効果もありませんでした。


その後、カイロプラクティックを週に三回ほど受け、これも数カ月続けた結果、体は元気になりましたが、手にはなんの反応もありません。さらには針治療やヨガ、気功も試しました。いろいろと試していると、確かにそれぞれ素晴らしい効果を体にはもたらしてくれましたが、手にはなんの変化も訪れません。

症状は徐々に悪化し、二年後には、わりばしを手で握ると、バキッと折れるほど指が強い力で自分の意思とは関係なく内側に曲がるようになりました。でもピアノから離れると、やはりまったく何の問題もない。

指の異常を先生や周りの人に話すと見捨てられてしまうかもしれない。恐怖心からずっと黙っていました。しかしながら、あまりにも演奏の質が急激に低下したため、先生たちは僕が練習をサボっていると思ったようで、かなり注意をされましたが、それでも本当のことは言えず、指の異常は黙っていました。普段の生活では普通に指が動くので、先生も僕もそれが病気だとは思わなかったのです。

当分の間、コンサートではスピードを落として弾いたり、音を省いたりめちゃくちゃ弾いていました。もちろん仕事も激減し、かなり焦りました。指が悪い状態のまま舞台に出るときは、まったく生きた心地がしなかったことを、今でも鮮明に覚えています。

「じゃあ、さっさと日本に帰ったら?」

指の異常のことは誰にも言えず、一人で悩み続けていたある日、川野作織《さおり》さんという大実業家とご飯を食べることになりました。

作織さんは、友人が勤めていた会社の社長です。友人から一緒に夕食に誘ってもらったことがキッカケで知り合いました。作織さんが経営する『Ｋｏｒｉｎ』(光琳《こうりん》)は、日本製食器や厨房《ちゅうぼう》器具などをニューヨークで販売する会社で、今やニューヨークのレストラン業界で知らない人はいないといわれています。彼女が二〇代半ばで起業したときは、資本金二千ドルでしたが、数々の荒波を乗り越えて、ここまで大きくしました。

僕がまだニューヨークに来たばかりで、右も左もわからない頃、たくさんの有意義なアドバイスをくださったのが作織さんでした。一番印象に残っている言葉は
「悟平さん、あなたが頭に思い描ける夢は必ず叶うわよ。人がたとえ遊んでいる間も、あなたは努力を続けるのよ」

です。

そんな作織さんは、僕のコンサートには必ず来てくれていました。そして、有名なピアニストのコンサートのチケットを譲ってくれたり、ニューヨークのハイソサエティな場に実際に一緒に出入りさせてくれたり、また、そういった場所での立ち居振る舞いも教えてくれました。作織さん曰く「どんな高級な場所に行っても、怖気づかない経験があなたには必要よ」。おかげで僕は、どのような場所へ行っても怖気づかなくなりました。

映画女優を思わせる風貌の作織さんの物腰は柔らかく上品で、いつもとても優しいので、

どんなことでも話したくなってしまいます。完全に頼り切っていた僕は、何気なく、弱音を吐いてしまいました。

「作織さん、僕の指がなんだか調子が悪くて、いくらやってもうまく弾けないんだけど、もう無理かなあ……」

するると、

「あら、じゃあ、さっさとニューヨークから撤退して日本に帰ったらどう？」

と、サラッと言われたのです。こわもての人からこっぴどくしかられるより、胸に突き刺さりました。

僕は面食らって、

「いや……、ニューヨークにはいたいんです」

と言うと、

「そんな、すぐに夢をあきらめるような甘い考えじゃあ、ここ（ニューヨーク）ではやっていけないわよ」

と活を入れてくれました。今になってわかることですが、ニューヨークには、世界百何十カ国という国々から来た凄腕の人たちがひしめき合って、その中から勝ち残らなければいけない厳しさがあります。そこをくぐり抜けて勝ち抜いてきた作織さんならではの、説得力のある一言です。

でも、一息おいて「スランプかもしれないから、一度ピアノから離れて、ほかに好きなことをやってみる時間をつくるのもいいんじゃないかしら？　まだピアノをあきらめてはいけないわよ！」とアドバイスをくれました。

長く辛い下積み時代があり、九・一一の同時多発テロでも、会社がツインタワーの近くだったゆえにダメージを受けたり、多くの苦労を乗り越えてきた作織さんは、僕の気持ちをわかってくれていたのでしょう。優しい言葉をかけることも忘れていませんでした。

ジストニアの発症――「プロとしては一生再起不能です」

作織さんからのアドバイスを受けて、さらに指の治療を積極的に行うようになりました。しかし、何をしても、指の引きつりが良くならないどころか、悪化していくので、ついにはＣＴスキャンやＭＲＩなどといった医療機器を使って、脳の検査をしたり、手や腕に電流の通るケーブルの付いた針を何本も刺して電流を通したり、神経の伝達スピードを測定する検査もしました。

こうした検査の結果、ジストニアと診断されました。「なんじゃ、そりゃ⁉」――ジストニアなんて聞いたこともない病名でした。ジストニアとは中枢神経系の障害による運動障害の総称で、人によっては首に出たり、唇に出たり、腰が曲がったりします。僕は指に出ました。不思議なことに診断結果が出たときはホッとしました。なにがなんだかわからない症状にずっと悩まされていたので、少なくとも病名がわかったことに安堵したのです。

理由がわかってホッとしたのも束の間、医者には一生ピアノが弾けなくなるだろうと言われました。「一生ですか?」と聞き直しましたが、「少なくともプロとしては一生再起不能です」と医者は断言しました。

図書館のパソコンで、Dystonia（ジストニア）と検索すると、いくつか情報が出てきましたが、どれを取っても確実な治療法や完治した例などは載っていませんでした。日本語でも試したのですが、出てきた結果は、たった数件。

〝ジストニアと診断されましたが、この病気について詳しく知っていらっしゃる方、ご連絡ください〟などと書いてあり、「こっちが知りたいねん！」と、がっかりしたのを覚えています。

自殺未遂

ブラッドショー先生やコズモ先生、音楽関係者にはジストニアとは明かさず、「休暇を取る」といって日本に帰ることにしました。日本ならひょっとしたら治療法があるかもしれない。それなら保険の利く日本で治療をしてもらおうと思ったのですが、首から下に症状のあるジストニアの場合、保険がきかないことがわかりました。

しかも、日本でも確実な治療法はまだ見つかっていませんでした。診断を受けたあと、婦長さんから、治療法がなくて本当に申し訳ない、とのお詫びの電話がありました。これにより、治療不可能な現実を確信させられました。それほど、当時は珍しい病気だったのです。

救いと治療と、せめてもの癒やしを求めて帰ったはずの日本が、僕には非常に苦しい場

所となりました。というのは、手の病気のことをもちろん知らないので、行く先々でピアノが用意されていて、

「ニューヨークでデビューしたんでしょ？　ぜひ一曲お願いできますか？」

などと言われたからです。しかし僕は、

「すみません、今ちょっと演奏は遠慮させてください」

としか言えませんでした。

せっかく用意してくれているピアノを前に、演奏を断り続けたので、なかには気を悪くして「お高くとまってんじゃないよ」とか、「一曲くらい弾いてくれてもいいじゃん、けち」など、露骨に文句を言ってくる人もいました。だけど、本当は弾きたくても指の引きつりがひどくて弾けなかったのです。僕の気持ちが休まる場所はありませんでした。家族にも心配をかけたくなかったので、詳しい手の状態は言えませんでした。

そのときの僕の心境は、一五歳のときからずっとピアノとともに生きてきた人生から急にピアノを奪われる恐怖に怯えていました。将来の夢と希望が潰《つい》え、今までずっと費やしてきた莫大な練習時間も無駄に終わり、ニューヨークの先生を含め応援してくれている人

たちも失ってしまう。やっと確立してきた自己を失うかもしれない。こうしたことへの恐怖から病気を打ち明けられず、完全に行き詰まってしまいました。「泣く子も黙る」という言葉がありますが、僕は涙も出ないくらい怖かったのです。

のちに、三歳から英才教育を受けてきたプロのピアニストの方に「でもしょせん一五歳から弾き始めた程度だったら、そこまで悲惨じゃないじゃないの?」と言われたことがあります。確かに、ピアノ歴では僕は多くのピアニストに比べると短いかもしれません。でも、情熱は言葉に表せないくらい強く持っていました。それだけに辛かったのです。

それでもなんとかしようと、マッサージやストレッチなどを続け、指を伸ばして練習してみたのですが、強烈な力で両手の指は内側に曲がり、グーの形になりました。もう何をしてもダメでした。

最後に僕はもう一度医者に尋ねました。

「回復には希望が持てませんか?」

「残念ながら、あなたは一生ピアノが弾けません。希望も持てません。少なくとも、プロとしては一生復帰できません」

それが答えでした。

作織さんからアドバイスをもらって勇気づけられていましたが、日本での治療に期待していた分、絶望的な状況だとわかると僕は完全に行き詰まり、鬱《うつ》状態になりました。

今考えると、皆に手の状態を素直に言えばよかったのです。でもあまりにきらびやかな世界を見てしまった当時の僕には、すべてを失いそうで怖くてできなかった。結局、すべてにおいて、自分との向き合い方が下手すぎたのだと思います。自分のエゴで自分を追い詰めていたことにも、今なら気づけます。

それからのことは、あまり鮮明に覚えていません。手首を切ろうとしてあまりに痛くて、死ぬ根性がなかったのは覚えています。そして、「今負ったこの肉体的な傷の痛さに耐えられたら、現実社会での心の痛さにも耐えられるだろう」そう思い、ニューヨークに帰ってすべてをスポンサーにも先生にも打ち明けようと決心しました。

「夢はあきらめたらアカンねん！　一生勉強。一生青春」

アメリカに帰る前に、父の数十年来の知り合いである加藤均先生に会いに行きました。

加藤先生は、一一期四四年間、堺市議会議員を務められ、在任中から積極的に国際活動に加わり、米国ロサンゼルス市及びバークレー市より「名誉市民」を授与されています。現在は、ＡＳＥＡＮ諸国と積極的に交流し、堺国際交流協会の理事を務めています。

とにかく先生は、話の規模が壮大です。面白くてワクワクするような数々の経験談や、彼の描く未来の構想を聞かせてくれました。そして、たくさんの助言と勇気も与えてくれました。

ジストニアの症状について、加藤先生に説明しました。心が弱りきっている様子が伝わったのでしょう、加藤先生は、

「夢はあきらめたらアカンねん！」

と、喝を入れてくださり、「一生勉強。一生青春」と書いたポストカードをくれました。

そして、当時の加藤先生からは想像もつかないほどの、過去の大変な苦労話を聞きました。「先生にもそんな時代があったんだ……。あきらめずに頑張ってきたからこそ、今の先生があるんだな」。僕は勇気をもらいました。

そして、先生はこう言いました。

「俺には夢があるんや。世界中の人々と、いろいろなイベントを通して、国際的に交流す

ることや。君も頑張って、僕の代わりに世界で活躍してくれ」

さらに先生は、こう語りました。

「しっかり頑張って、また弾けるようになったら、僕が君の地元の堺市でコンサート開いたるから、あきらめんと頑張れ！」

この話は、のちに実現することになります。

アメリカでジストニアの治療を受ける

ニューヨークに帰り、コズモ先生とブラッドショー先生にすべてを正直に話しました。コズモ先生は引き続きビザをサポートすることを約束してくださり、ブラッドショー先生は「じゃ、一緒にゆっくり治していこう」と励ましてくれました。

僕は家からもアメリカからも追い出されずに済んだので、とりあえずホッとすると同時に、二人に心から感謝しました。

僕の両手の指は完全に内側に曲がり、『きらきら星』すら弾けないほど悪い状態でした。

それでもニューヨークにいたい。そう思ったのは、もし日本へ帰ってしまうと、ニューヨークでの挑戦に負けたという、敗北の気持ちをずっと日本で味わう気がしたからかもしれません。

僕はアメリカに留まり、治療を受けて病気を治すことに一縷《いちる》の望みをかけました。けれども、医療費のバカ高いアメリカで、保険を持たずして治療を受けるのは不可能です。保険に入るには、月に大体六万円以上かかります。それより安い保険だと、結局自分で全額負担して、数カ月後にかかった費用の全額、もしくは何パーセントかが返ってくるという形になってしまいます。

医療費がどれほど高いかというと、知人の子どもが二週間、手術などをせずに入院したとき、請求額は日本円で約一五〇〇万円でした。僕が風邪で一度医者に見てもらったときも、一分弱の診断で約四万円で、目ん玉が飛び出るかと思いました。待合室で三時間ほど待ち、一分ほど体をチェックし「喉が腫れているので、蜂蜜にレモンでも入れて飲んでおいてください」と言われて請求された額がそれです。

高額医療費を避けられないアメリカで、保険を持たずしてジストニアの治療を受けるにはどうすればよいか、いろいろと考えました。

そこで僕は、ニューヨークでジストニアの権威といわれるドクターに相談することにしました。彼に自分の指の状態と米国で保険を持っていないという状況を伝えたところ、僕をテストプログラムに入れてくれました。まだジストニアの完全な治療法が見つかっていないので、僕の体を使って新薬や新しい治療法のテストをするというものです。

正直言うと怖かったのですが、何もせず指をくわえて待っているよりはいいかと思い、プログラムに入ることにしました。ＣＴスキャンで脳も検査し、手と腕のあちこちに針を刺し、電流を流して神経の伝達スピードを調べるテストをし、コンピューターと連動している電子ピアノで引きつって内側に曲がった指のままゆっくり音階を弾かされ、その脳波と筋肉の動きを全部記録し、その様子を映像でも録画していました。これ以外でも、ありとあらゆる検査を受けました。

さらに当時から画期的な治療法とされていた、筋肉弛緩《しかん》剤を投入するボトックス注射を腕の内側に何本も打ちました。

僕はただでさえ注射が苦手なのに、一日に何回も針を腕に刺されるだけではなく、そこに電流を通す日もあれば、ボトックスを注入する日もあるわけで、もう地獄に送り込まれたようでした。いつも半泣き顔で、注射のたびに「これで死んだ人いますか？」「あああ、注射やだなあ」などといちいちうるさかったので、医師から「良い子にしてたらキャンディーあげる」と言われており、大人しくさせられていたものです。約束どおり、治療が終わるたびに子ども用のキャンディーをもらっていました。

この治療法で舞台に復帰した、リオン・フライシャーという大ピアニストがいます。僕の場合、フライシャーよりも多くの指が侵され、左手の指三本、右手も三本に強烈なジストニアの症状が出ていたので、ボトックス注射を大量に打ちました。これによって指の引きつりは治まるものの、手がだらんと弛緩してしまい、ピアノどころか靴下をはいたり、髪を洗うこともできないくらいになってしまいました。

希望を持って約一年間、三カ月から四カ月おきくらいの間隔で、両手にボトックス注射をしましたが、僕にはこの治療方法は合わなかったようなので途中で断念しました。

飲み薬としてトリフェキシフェニジル錠を試しましたが、副作用が強く、あまりにもボケーッとしてしまうので、これも不向きでした。ありとあらゆる可能性を試しましたが、ほとんど目に見える効果はありませんでした。

唯一、催眠療法は僕に合っていたと思います。これは自分の潜在意識の奥深くに、指が再びスムーズに動くようになるイメージを繰り返し覚えさせる方法です。医療とはかけ離れますが、一番効果がありました。

深い椅子に腰をかけ、催眠セラピストが言うままに、深く呼吸し、言われた情景を頭にイメージしていくところから始まります。

一段一段と階段を下りていくイメージをするように指示され、下り切った所に扉があり、それを開けて中に入っていきます。こういったイメージを繰り返しながら、自分の深い潜在意識の奥に入っていくのです。深い催眠状態になったところで、セラピストが手の硬直を和らげるように、潜在意識にメッセージを送り込む。

これによって完治したわけではありませんが、少なくとも僕の疲れ切っていた心は癒やされました。僕は催眠療法によって、自身の脳と精神に自ら働きかけ、自分のコンディションを良い状態に持っていく術を学んだと思います。

がむしゃらに突っ走って、頑張ることしか知らなかった僕にとって、とても大きな進歩でした。

超貧乏時代

ジストニアが発症し、ピアノが弾けなくなると、もちろん収入もなくなりました。コズモ先生が持ち家を無料で提供してくださっていたので、ホームレスになることはありませんでしたが、かなり貧乏で財布の中にいくらあるだろうと小銭を数える日々が続きました。

ある日、あまりにお腹が空いたのですが、食材を買うお金がまったくない。何かないかとキッチンのキャビネットをあさっていると、スパゲッティが見つかりました。

ソースになるものはと冷蔵庫内をくまなく探しても空っぽです。どうしようと考えていたら、母が送ってくれた唐揚げ粉があったのを思い出し、それをスパゲッティにかけたら、唐揚げのような美味しい味のパスタができるかも！　と急に笑顔になり、鼻歌まじりでパスタを茹で、その上に唐揚げ粉をかけて混ぜてみました。

すると、スパゲッティの麺が互いにくっついてしまい、ソフトボールをもう少し大きくしたくらいのサイズの玉になり、おそるおそる食べてみたところ、そのマズイことと言ったら！　おえっ～と吐き出したくなりましたが、他に食べるものはない。せっかくのパスタも唐揚げ粉も無駄にしたくなかったので、鼻をつまんで食べました。

おかげで胃が気持ち悪くなり、当分お腹が空かなかったので、結果オーライでした！

職を転々とする

このままではダメだと思い、近所の家に掃除に回って、小銭を稼ぐ仕事を始めました。僕の部屋は時々散らかりますが、人の家は結構手際良く、しかもきれいに掃除できます。おかげで重宝がられ、次々依頼がきたので当分食いつなぐことができました。

掃除以外にも老人介護やマッサージのアルバイトもやりましたが、老人介護は、仲良くなったおばあさまが亡くなってしまい、それが辛くて続けることができませんでした。

近所の八百屋さんに仕事を頼み込んだこともあります。ニュージャージー州では、車がなくてはどこへも行けないのに、僕は免許を持っていませんでした。自転車で通える範囲にあったのが八百屋でした。

最初にお願いに行ったときに「履歴書を持って来い」と言われたので、履歴書を書き、ついでにジュリアード音楽院の元教授の推薦状も添えました。けれども、その八百屋はまったく相手にしてくれず、三回頼みに行きましたが、どうしても採用してくれませんでした。

履歴書を見て、「なに？　ジュリアード音楽院の教授からの推薦状？　なになに？　カーネギーホールでの演奏経歴？　お前、ここ八百屋だぞ？　馬鹿にしてるのか？」と言われたあと、最後に「アジア人だからダメだ」と言われ、そういう人種差別があるのだなと改めて知りました。

作織さんに「一度ピアノから離れて、ほかに好きなことをやってみる時間をつくるのもいいんじゃないかしら？」と言われたことを思い出し、かねてから興味のあったマッサージや美容を兼ね備えたエステサロンで技術を学び、働いたこともあります。

ジストニアがややこしいのは、ピアノを弾くとき以外は、ほぼ正常に指が動くことです。

貧乏ネタをきっかけにスピーチコンテストで優勝

ジストニアの治療と職の掛け持ちで忙しい日々が続いていましたが、大学にも相変わらず通っていました。カーネギーホールでの僕の演奏を聴いたことのある学長が奨学金を出してくれたので、貧乏生活真っただ中でも学校に通うことができました。これも、本当にありがたかったです。

その当時、トピックスを自分で選んでプレゼンテーションをする授業があり、僕は〝貧乏でも豊かに暮らす方法〟と題して発表しました。

内容は、「粗悪な食材で調理した料理を食べるときは、気分的に悲しいので、オペラを大音量で流しながら金持ち気分で楽しむ」「炭酸水は九九セントショップ（日本でいう一〇〇円均一ショップ）で買ったシャンパングラスで飲む」「安く買った硬い肉はビールに漬けておくと柔らかくなる（聞いた話なので嘘か本当かわかりませんが）」「クラシックのコンサートやミュージカルに行くお金がなくても、開演ギリギリに劇場に行けば、ダフ屋があり得ない安い価格でチケットを売りさばく瞬間があるので、それをゲットしてエンターテインメントを楽しむ。そのときは、H&M（リーズナブルな洋服屋のチェーン店）などで一〇ドル（約千円）くらいのシャツにジャケットさえ合わせればちょっと豪華に見えるので、それを着て気分を上げていく」などです。

貧乏生活で実行していた、僕なりの「工夫」を列挙しました。

これには、アメリカ人たちが手を叩いて笑ってくれたので、次にまたプレゼンをすることになり、今度は真面目に人種差別や性差別問題をトピックに話をしました。

この話をした後、大学の教授が僕に「君のスピーチは興味深いから、よかったら国際スピーチコンテストを受けてみないか？」と言われました。国際スピーチコンテストとは、英語を母国語としない人たちが出場するスピーチコンテストです。

コンテストでは、「マリア・カラスが現代のオペラ界に与えた影響」と題して、スピーチをしました。マリア・カラスとは、二〇世紀を代表するオペラ歌手で、その功績は素晴らしく、ぜひ伝説と魅力を正確に伝えたいと思っていたので、大真面目な内容になりました。トピック自体は一般受けしませんでしたが、マリア・カラスの残した話し言葉を演技付きでスピーチしたら会場が湧いて、一位になりました。このときの賞品は、大学の学生食堂のメニューが当分無料になるチケットでした。

僕はもともと人前で話すことは、むしろ苦手です。そんな僕が、世界数十カ国から集まった人たちのなかから英語のスピーチで一位に選ばれるなんて、思いもよらなかったことで、誰よりも驚きました。苦手意識が強かった分、授業のプレゼンの段階からたくさん練習をしていたからかもしれません。今思えば、人生のあらゆる場面で「苦手」や「不可能」というキーワードに遭遇すると、ものすごい集中力を発揮してきました。

コンプレックスというものは、実はとてもありがたいものなんだということが、今となっては実感できます。

コンプレックスは、持っているだけだと、自分が萎縮する原因にしかなりませんが、コンプレックスを練習や訓練、考え方を変えること（発想の転換）などによって克服すると、今度はそこが強みになることを学んでいった時期でもあります。

もう一度舞台に立とうと思ったキッカケ

そんなこんなで、必死に食いつなぐのと大学での勉強をこなすので忙しく、ジストニアの影響もあり、演奏活動をあきらめかけていた頃、僕を奮い立たせる事件が起きました。あるお屋敷でパーティーに、掃除夫として雇われたときのことです。男性ピアニストがそのパーティーに呼ばれ、素晴らしい演奏をしていました。

そこまでは「きれいに演奏するな……。うらやましいな……」と思いながらも「しかたない」と思って見ていたのですが、家主からピアノの下に潜《もぐ》り込んだペットが糞と尿をしたから取ってくれと言われ、周りはシャンパンやピアノ演奏を楽しむなか、僕はピアノの下に潜り込んで、糞と尿の掃除を始めました。僕は動物が好きなので普段だったらまったく気にしなかったでしょうが、そのパーティーにいた数名の人たちは掃除をしている僕を露骨に避け、汚いものを見るような目で見たのです。

そのとき僕は「絶対にもう一度舞台に立つ！」と決めました。

この経験は、僕の宝となりました。それは、もう一度舞台に立とうと決心しただけではなく、自分がやりたくない仕事をこなしている人に対して感謝の気持ちを持つことを忘れてはいけないと肝に銘じるようになったからです。

そして、もう派手に弾けなくてもいいから、チヤホヤされなくていいから、簡単な曲でいいから、「せめて一曲！　一曲でいいから、もう一度自分のために弾けるようになりたい!!」。そう心の底から思いました。すると、昔辛かった毎日の長時間の練習を懐かしく感じ、長時間練習できるくらい健康であることをありがたく思いました。

もともと不器用で、健康と明るさと頑張ることしか取り柄のなかった僕が、このときまでは手の引きつりがひどくて、練習を〝頑張ること〟すらできていなかったのです。

第4章

再び夢へ

ピアノ教師の職を得る

演奏家としてもう一度舞台に立とうと思っていたちょうどその頃、ブラッドショー先生のお宅の廊下で、幼稚園を二つ経営している山本薫学園長とバッタリ会いました。山本先生が経営する幼稚園は、ニュージャージー州とコネチカット州にあります。

山本先生にはお二人のお嬢さんがいらして、ブラッドショー先生からレッスンを受けていたのです。

以前から、レッスンやコンサート会場などで、たびたび見かけることがありました。山本先生を初めて見たとき、「わあ、すごいオーラを持った日本人がいるなあ!」と思ったことを覚えています。毛皮を着て優雅に通りかかる山本先生を初めて見たときは、どこかの大富豪の奥さまか大実業家かと思いました。僕には、恐れ多くて話しかけることができませんでした。

山本先生と初めて話したのは、何度目かのリンカーンセンターのコンサートのときです。

僕はドキドキしながら、

「どうも、初めまして。悟平と申します」

と話しかけました。山本先生は人を一気に包み込んでしまうような笑顔で、

「あらどうも初めまして、山本です。いつもあなたの演奏を楽しみにしてるのよ。だって同じピアノも、あなたが弾くとまったく違う音色が出てきて驚いちゃったんですもの」

と、おっしゃってくださいました。僕がまだ指に問題がなかった頃、カーネギーホールやリンカーンセンターでの演奏を何度か聴いてくださっていたのです。


それから一年ほど経ち、こうして再会したのですが、ジストニアの発症という暗い近況報告をせざるを得ませんでした。しかし山本先生は、明るい声でこうおっしゃったのです。

「私の夢は、いつか音楽院をつくることなの。よろしかったら、うちの学校を見にこない？もしそこでピアノを教えてくれて、音楽院設立に協力してくださったら、米国の永住権（グリーンカード）のスポンサーになるわよ」

願ってもないお誘いでした。僕はもともと、ピアノの先生になりたかったので、お誘いは天からの救いのようでした。

米国では、ビザがなければ、どれだけ活躍しようが実力があろうが、情け容赦なく国外追放されてしまいます。そんななかで、レッスンもできて永住権も取得できれば、こんなありがたいお話はないのです。

これを機に、大学を中途退学し、コネチカット州にあるグリニッチ国際学園で、ピアノを教える仕事に専念することにしました。

マンハッタンで一人暮らし

コズモ先生にもこれ以上負担をかけたくなかったので、就職を機に、借りている大きな一軒家を出て、一人暮らしを始めました。ニューヨークに来てから、常に誰かが助けてくれていましたが、一から自分でやってみよう、と思ったのです。

マンハッタンのグリニッジ・ヴィレッジでさっそく見つけたアパートは広さ二畳半。両手を広げると手が壁に届いてしまうくらいのスペースだったので、「棺おけルーム」と呼んでいました。とにかく物を置く場所を確保するために、ＩＫＥＡで二段ベッドを買ってきて部屋に押し込み、上の段に本などを置き、下の段で寝ていました。

就職したものの、世界で最も物価や家賃の高い都市の一つであるニューヨークで生活していくにはお金が足りなかったので、相変わらず掛け持ちのアルバイトは続けていました。この時期、最高に大変だったのは、アパートメントホテルの仕事です。

あまりにも学んだことが多かったアパートメントホテルの仕事

アパートメントホテルとは、普通のホテルではなくて、マンハッタンの普通のマンション（英語でマンションのことをアパートといいます。マンションは、一軒家の大豪邸という意味で使います）の一室に滞在するスタイルのホテルです。普通の家のような造りになっているので、まるで地元で暮らしているような感覚でニューヨーク滞在を楽しめます。

知り合いの日本人の方が、マンハッタン内の数カ所にマンションの部屋を持っていて、それをアパートメントホテルとして運営していたので、僕はそこを手伝っていました。

初めは軽く接客の手伝いをするつもりが、やたらお客さんの反応がよく、リピーターが増えてくれたこともあって、僕がマネージャー的仕事を任せられるようになりました。そうなのです、僕はもともとデパートの和菓子屋の店員で、接客は大好きな仕事なのです。

そうこうしているうちに、チェックイン時の接客だけでなく、宿泊客からのメールや電話の対応、予約を取る作業、各部屋の掃除、シーツやタオルなどの洗濯、マンションの各部屋の電話や電気代の支払い管理なども僕の仕事になっていきました。

この仕事で何が大変だったかというと、各マンションは、マンハッタンのミッドタウンの西側（四部屋）、イーストハーレム（一部屋）、イーストヴィレッジ（一部屋）と点在している上に、普通のホテルのようにチェックインカウンターがないので、マンションのビルの玄関で、到着した宿泊客の方に部屋の鍵を渡さなければいけなかったことです。場合によっては、飛行機が遅れることもあるし、ずっと立って待っていないといけないときが多くありました。

凍えるような寒いときや雨の日は、マンションのビル内で待ちたかったのですが、ビルの玄関先の外側で待っていないと、お客さんが迷ったりビルを見過ごしたりするケースがあったので、どんなに寒くてもずっと外で待っていました。六時間とか、七時間遅れで到着したお客さんもいました。

今ならスマートフォンで飛行機のフライト状況を即座に調べられますが、その頃はなかったので、その場を離れることができず、ただひたすら待つしかありませんでした。

一人何役もこなしていたので、失敗談も数え切れません。

九月の最も忙しい時期、目の回るような忙しさに僕は疲れ果てていました。その夜、ミッドタウンに到着のお客さんのお部屋を掃除し、ベッドメイキングとタオルや備品を用意するために、自分の家でタオルやシーツをたたみ、ボストンバッグにそれらを詰めて用意をしていました。

家を出るときに、ついでだからと台所のたまったゴミ袋を出そうと思い、ボストンバッグとゴミ袋を両手に持ち、家を出ました。

そしてなんと、僕はゴミ捨て場にボストンバッグを捨て、生ごみの入ったゴミ袋を持ったまま電車に乗り、ミッドタウンのマンションの部屋まで行きました。今考えても「アホだ……」と思いますが、その日の僕はたまった疲れと、忙しさに頭がパンクしていたんだと思います。

しかも、ボストンバッグもゴミ袋も両方黒くて分厚く、肩に掛けられたのです。ミッドタウンのマンションの部屋に着き、ゴミ袋に気づいたときにはもう時すでに遅しで、すぐにお部屋を用意をしないとお客さんが到着してしまいます。泣く泣く自分のなけなしのお金で近所のスーパーに行ってシーツとタオルを購入し、ゴミはそのマンションのゴミ箱に捨てさせてもらい、お部屋の用意をしました。本当に自分が情けなくなりました。経営者には、自分のあまりにバカバカしい失態が恥ずかしすぎて言えず、結局自腹を切ることとなりました。

結果的に、問題なくチェックインの接客ができましたが、自分のマンションに帰り、ゴミ捨て場をチェックすると、ボストンバッグが捨ててありました。しばしの間、ボーッとつっ立ってボストンバッグを眺めたことを覚えています。

さて、これを書きながら、なんと無茶苦茶な仕事の仕方だと今なら思いますが、当時の僕は世間知らずであり（今は少しマシです）、一生懸命何かを頑張ってこなすことで自己の価値を見出していたと思います。

実際、この仕事をしたことによって、苦手だった時間の効率的な使い方を学習できましたし、効率的に事務作業をこなすコツを習うこともできました。

時間を間違えたり、宿泊客人数を間違えたりと、数え切れないほど失敗もあり、お客さんに迷惑をかけたこともありますが、この仕事で出会ったお客さんのなかには一〇年以上たった今でも交流がある方がたくさんいます。

痛い思いも数え切れないほどしましたし、迷惑をかけてしまったことも多々ありますが、この仕事から学んだことがあまりに多く、やって良かったと今も思っています。

『チューリップ』の演奏から得たヒラメキ

グリニッチ国際学園に就職したものの、音楽院は設立したばかりで、すぐに生徒が集まるわけではありません。まずは、幼稚園のアシスタントという形で、クラスの担任の先生のお手伝いをするところから始まりました。

ある日、先生から『チューリップ』の楽譜を突然渡され、子どもたちに弾いてほしいと言われましたが、まだ僕の指は弾けるような状態ではありません。「悟平先生って、履歴書での演奏経歴はすごいのに、『チューリップ』が弾けないんですか？」と悪気なく言われたことを覚えています。いくらジストニアだといっても、さすがに『チューリップ』くらいは弾けるでしょう？　といった感じでしょう。ジストニア自体がなにかよく知られていなかったので、もし僕がその先生の立場だったら同じことを言ったかもしれません。

当時、左手の人さし指と親指は問題なく動きました。右手は、親指、人さし指、そしてかなりこわばりましたが、小指もなんとか伸ばすことができました。

チューリップが弾けないことがあまりにも悔しかったので、今まで一〇本指が問題なく動いたときに、体に自然と身につけてきた伝統的なクラシックのピアノ奏法や指遣いを完全に無視して、とりあえず動く左手二本、右手三本の指で、『きらきら星』『チューリップ』『大きな栗の木の下で』などの童謡を、かなりの時間をかけて練習してみました。しかし、どれだけやっても指が引きつりを起こすので、どんなに簡単な曲でも難しく感じるのです。「なんで、こんな簡単な曲すらまともに弾かれへんねん!!」と自分に対して怒りを感じていました。それでも「もうショパンとかラフマニノフは弾けなくてもしゃあない（しかたがない）かもしれへんけど、せめて、せめて、童謡くらいは弾けな、いくらなんでも情けなさすぎるわ……」と思い、曲がり続ける指を伸ばし伸ばし、ゆっくりゆっくり練習していました。

指遣いなんてどうでもいいんや。動く指だけで弾けるようになろう

この時期の練習とは、指が健康だったときのスラスラ弾いていた練習方法とはまったく違い、ゆ～っくりゆ～っくりと、片手ずつ弾いたり、両手で一小節だけを繰り返して弾いて、次の一小節に進み、また一から戻って最初の二小節をゆ～っくりと繰り返して、やっと三小節目に進む、といったリハビリ的な気の遠くなる方法を続けました。

そのゆっくりの速度たるや、普通に演奏するスピードの五〇分の一ほどの遅さです。特に左手のドソミソ（アルベルティ・バス）の音型が辛く、どれだけやっても指が内側に曲がってしまい、弾けませんでした。

単純な童謡の曲をこの地味～な練習方法で、一年以上練習しましたが、結局どれだけや

って も一〇本指では弾けませんでした。一年以上もほぼ毎日練習とリハビリを繰り返しても、『きらきら星』が弾けない指の状態でした。底知れぬ悔しさ、やるせなさ、そして悲しみを感じました。

あきらめかけた頃、僕が幼稚園児の前で、なにかの拍子に、めちゃくちゃな指遣いで『きらきら星』と『動物の謝肉祭』を弾いたとき、子どもたちが歌いながら踊り出したのです。その様子にハッとしました。子どもたちは僕のひん曲がった指や伝統を無視した演奏法などお構いなしに、純粋に音楽だけを聴いて、感じて、楽しそうにしている。

このとき、ヒラメキました。「あ！　音楽さえちゃんと聞こえれば、指遣いなんてどうでもいいんや。動く指だけで弾けるようになろう‼」——今までのしがらみや執着、一〇年以上毎日何時間も特訓してきた奏法を無視し、忘れる努力をし、思い切ってぶち壊し、ゼロから再スタートすることにしました。

子どもたちは、ただ純粋に、聞こえてくる音楽を楽しんでいました。

ブラッドショー先生の死

ちょうど同時期、僕にとってとても悲しい出来事がありました。グリニッチ国際学園に就職して間もないあたりから、僕を日本からニューヨークへ呼んでくれて、本当の音楽の喜びや深さ、ピアノの真のテクニックなどを惜しまずに教えてくださったブラッドショー先生が、糖尿病に加え、脳梗塞と肺炎を併発し、何度も倒れては病院へ送られる状態になっていたのです。

学園長の山本先生が、「あなたはブラッドショー先生には大変お世話になったのでしょう？万が一のとき彼の名前を残すためにも、ブラッドショー先生の名前を入れたピアノコンクールを立ち上げてはどう？」と、素晴らしいアイデアをくれました。

そして、山本先生とコズモ先生と僕の三人が一致団結し、「ブラッドショー&ブオーノ国際ピアノコンクール」を立ち上げることにしました。

自分たちでフライヤーや大きなポスターを作り、世界中の音楽学校に郵送しました。優勝者にはニューヨークのカーネギーホールでのデビューリサイタルを賞として約束したところ、世界中から七〇名くらいの応募があり、一次予選二次予選を過ぎ、本選までくると、かなりすご腕のピアニストたちが競っていました。

本選の最中、舞台裏でブラッドショー先生が穏やかな顔で笑みを浮かべながら、ファイナリストたちの演奏を聴いていたのを鮮明に覚えています。今では、このコンクールの規模は大きくなり、百戦錬磨の超人的ピアニストが世界から集まるなど、とても賑やかになっています。

コンクールから一年も経たないうちに、ブラッドショー先生は亡くなりました。僕はしばらくの間、放心状態で何もできなくなりました。今まで弾いてきた曲、ピアノ、レッスン部屋、すべてブラッドショー先生との思い出で溢れていて、何も手につきません。あるとき、夢の中にブラッドショー先生が出てきて、ものすごく悲しい顔をされていました。何も言わず、ただ悲しい顔をしているのです。

コズモ先生に夢の話を伝えると、

「そうか。きっとゴヘイが最近まったくピアノに触ってないからじゃないのかい？　デイヴィッドは、君をニューヨークまで呼んでずっとレッスンをしていたのに、今の君はまったく演奏をしていないじゃないか。きっと悲しんでるんじゃないかな？」

と言われ、そんなことってあるのかなあ……と思いつつも、三〇年以上ブラッドショー先生と演奏してきたコズモ先生からそう言われると、なんだか少し心が救われた気がしました。いつかまた演奏できれば……。悲しみに暮れ、しばらくピアノから離れていましたが、それ以来、毎日ゆっくりと指を伸ばしてリハビリをしながら練習を再開させました。

五本指で演奏できた！

なんとか少しでも弾けるように、左手二本、右手三本の指で、指遣いを試行錯誤しながら、独自の演奏方法を研究するようになりました。童謡だけでなく、クラシックや映画音楽なども弾けるようになりたいと思うようになってきたのです。

そして、プーランクの『即興曲第15番』を練習し始めました。

この曲は、プーランクがエディット・ピアフ（フランスのシャンソン歌手）に捧げた曲で、ピアフがよく歌っていた〝枯葉〟に似ています。

もの悲しく美しい旋律が、僕の深く傷ついた心を優しく包んでくれて、癒やしてくれるような曲だったので、なんとしてでも演奏できるようになりたいと思いました。

この時点では、演奏活動復帰のことはまったく頭になく、とにかくこの美しく甘美な曲を弾けるようになりたい！ と思い、ひたすら指遣いを試行錯誤しながら、ゆっくりゆっくりと練習しました。

もともと一〇本指で弾くように書かれた曲を、その半分の数の五本指で弾くとなると、どうしても無理な箇所が出てきます。まずはゆっくり弾き、テンポ（演奏スピード）を少しずつ少しずつ上げていき、テンポを上げることでつっかえたり、弾きにくい部分が出てきたら、また指遣いを考え直したり、左手の足りない指を右手で補ったりその逆をしたり、両腕をV字の形に開いたりX字のようにクロスさせたり、アクロバティックな奏法を試しました。

その結果、時間はかなりかかりましたが、かろうじて楽譜に書かれた音を省かずに両手五本指で演奏できるまでになりました。この曲が、ジストニア発症以降、なんとか演奏できるようになった最初の記念すべき曲です。

こうして、両手合わせて五本の動く指だけで演奏できる曲を見つけては、指遣いを試行錯誤し、練習するようになりました。これは僕にとっては革命的な出来事でしたが、人前で演奏するには、まだまだつたない演奏でした。

テクニックではなく、音色で勝負する

この時期、僕が心に一つ強く決めたことは、「テクニックでは健康な一〇本指を持つピアニストには逆立ちしてしてもかなわへん。それやったら一音一音の音色で勝負する」ということでした。

指に不自由がなかった時代は、一〇本指が普通に動くことが当たり前だったので、なにも考えずに弾けてしまい、ついつい聴き過ごしていた音があったと思うのですが、このときは一音一音の音色を、深く追求をするようになりました。

それは、日本で生まれ育った人なら、日本語の発音をいちいち気にしなくても無意識にペラペラと話せると思いますが、もし舌の神経がおかしくなってしまって、ろれつが回らなくなった場合、人に意思を通じるように話すために、必死で意識的に発音しながら丁寧

に話すような感覚ではないかと思います。さらにたとえるなら、そんなろれつの回らない舌の状態では、誰もプロのアナウンサーと早口言葉の競い合いをしようとは思わないはずです。

だけど、たとえ早口言葉を競うテクニックがなくても、美しい詩をゆっくりでもキチンと発音をしながら心を込めて話すと、人の心に響くと思います。相手がプロのアナウンサーでも、ろれつの回らない状態の人でも、同じくらいパワフルに思いを伝えることができるのではないかと思うのです。

「テクニックでは、他のプロには逆立ちしてもかなわないけど、音色を大切に奏でて、人に音楽を通して何かを訴えよう」これが、僕が感じたことです。

そのことを念頭において、一音一音、丁寧に丁寧に響かせる練習をしました。

逆を言うと、それしか当時の僕にはできませんでした。

そして、ピアノってシンプルな単音でもこんなに様々な種類の音色が出るし、こんなに美しいんだ……と、初心に戻ったような気分で再確認し、音に対して非常に敏感になっていきました。

大ピアニストに、大阪でのコンサート出演の直談判

もう一度舞台に立つと決めてから、必死に練習を続けているものの、まだまだ公の場で演奏できるレベルではありませんでした。

悪いことは重なるもので、大阪にいる母ががんになり、それが悪化しているということを知りました。日本にいる家族が、僕が心配しないように気遣って、母のがんの発症を知らせないようにしていたのです。この頃には、抗がん剤の投与で毛髪もなくなったとのこと。母は僕には「大丈夫、元気元気！」と言っていましたが、かなり体力も弱ってきていました。

故郷に錦を飾るどころか、親孝行もできていない。僕自身が故郷で演奏会を開催できれば、母にニューヨークでのレッスンの成果を見せられたのでしょうが、当時の僕にとってそれはまったく不可能でした。

何か母のためにできることはないだろうか。そう思案しているとき、山本先生からオク

サナ・ヤブロンスカヤというすごいピアニストが、ジュリアード音楽院でピアノ科教授として教えているという話を聞きました。

オクサナ先生は、数々の国際コンクールで優勝歴がある大ピアニストです。日本を代表するピアニストであり、僕が大好きだった中村紘子先生が、浜松国際ピアノコンクールで審査員を委嘱《いしょく》したことでも知られています。

浜松国際ピアノコンクールといえば、今や世界に名を轟《とどろ》かせる大ピアノコンクールに成長しました。海外でも、このコンクールのおかげで、ハママツという地名は多くの音楽家に知られています。僕の経験ではアメリカでもヨーロッパでもハママツのコンクールは有名でした。

実は、オクサナ先生のことは以前からテレビやCDで知識があり、彼女が魂を揺さぶる演奏をすることはよく知っていました。

山本先生は、ブラッドショー先生が病気で亡くなってから、僕にピアノの先生がいないことを心配していて、

「悟平、一度彼女のレッスンを受けてみてはどうかしら?」

と提案してくれました。しかし、当時の僕は、伝統的なピアノ奏法や指遣いを無視した

独自奏法を編み出したばかり。調子がいいときは、まがりなりにも少しは弾けることがありましたが、そのような状態で、大ピアニストのオクサナ先生のレッスンを受けることは不可能だと思っていました。

でも、山本先生からオクサナ先生の話を聞かされて以来、彼女の演奏をiTunesで購入し、聴き続け、彼女のことをネットなどで調べているうちに、彼女の壮絶な人生にも興味を持ち始めました。

そこで、僕は大胆な提案を思いつきます。まず、山本先生に相談です。

「僕自身は演奏ができなくなってしまいましたが、オクサナ先生の素晴らしい演奏を故郷の大阪府堺市に持って帰って、母や故郷の皆にその感動を感じてもらいたいと思っています」

すると山本先生は、

「じゃ明日にでも、ジュリアード音楽院に会いに行って話をすればどうかしら？」

この言葉は、僕の背中を押してくれました。

さすがに翌日には会えませんでしたが、「どうせやるなら！」と思い、ユニークで温かみのある演奏会をプロデュースすべく、企画を綿密に練り、オクサナ先生に直談判することにしました。

願掛け、という言葉がありますが、この企画がうまくいきますように！　と、願をかけに山本先生が連れて行ってくれた場所は、ニューヨーク州ウエストチェスター郡にあるドブズフェリーという場所でした。

そこは、広大なハドソン川を眼下に見下ろせ、川の向こう岸には数万年前からそのままの姿を残したニュージャージー州の絶壁があります。その景色は壮大で、息をのむ美しさと神秘を感じました。その歴史あるハドソン川に向かって、「成功しますように!!　皆を幸せにできるようなコンサートができますように!!」と何度も念じました。

日本だったら、きっと神社にお参りに行ったかもしれませんが、このときは大河に願をかけました。そして、その願いは見事に実現することになります。

プロデューサーになる

風のちょっと強い冬の日。僕はジュリアード音楽院の門をくぐりました。事前に電話もせず、直接会いに行くという、まさに直談判です。当時の僕は二八歳の青二才。六五歳をすぎたピアノの巨匠に「あなたの演奏が大好きです。ぜひ私の故郷、大阪府堺市に来て演奏してもらえませんか？」と率直にお願いしました。

突然無名の僕が通常のコンサートをお願いしても、よほどのギャラを積まない限り引き受けてくれないと思ったので、面白がってくれそうな企画で勝負することにしました。

クラシックには珍しい、ＰＯＰやロックのコンサートのように、舞台の後ろに大画面を置き、ピアノのあちこちに超小型カメラをちりばめて、後部座席の観客でも間近に指が見えるようにしたり、演奏の合間にオクサナ先生の幼少から現在までの思い出の写真集をバックで流しながら、インタビューをしたりと、まるでご本人の自宅のリビングで聴いているかのようなスタイルを提案しました。

当時のクラシック・コンサート・ホールで、海外から来た大物ピアニストにお願いするにはあり得ない企画です。

僕は、学生の頃からしょっちゅうクラシックのコンサートに行っていましたが、海外からの著名な演奏家が来日した場合、チケット代が高いため後部座席しか買えず、指や顔の表情がほとんど見えませんでした。そうした経験からスクリーンの大画面で指が見えたらいいなと思ったことと、あの独特のクラシックコンサートの敷居の高さを壊したかったから思いついたアイデアです。そうすれば普段クラシックになじみのない人でも、肩肘張らずに一流の演奏を楽しんでもらえるのではないかと思ったのです。

オクサナ先生は、

「五〇年以上世界中で演奏してきたけど、そんなコンサートはやったことがないわ。興味深い企画ね」

と話されましたが、名も資金もない僕がプロデューサーです。即決にはいたりませんでした。数日たったある朝、僕はオクサナ先生の自宅に呼ばれ、

「あなたもピアノを弾くんでしょ？　何か弾いてみて」

と言われました。オクサナ先生は、世界に名を轟かせるピアノコンクールの審査員も務めるような大御所です。仮に僕がジストニアでなくても彼女の前で演奏するのは、ちょっとたじろぐような大ピアニストです。

「えっ、弾くんですか？　僕はジストニアを患っていて、うまく演奏できません。申し訳ないですが、なにも弾けません」と断ったのですが、彼女は、

「なんでもいいから、ちょっと弾いてみて」

と言って、ピアノを背に立ったまま動かなくなりました。「うわ〜、マジで〜？　勘弁してください」と思いましたが、意を決してピアノに向かいました。

ショパンの『エチュード Op.25 No.7』、別名〝チェロエチュード〟といわれるとても美しい曲があります。僕はそれをリハビリを兼ねて、ゆっくりゆっくり密かに練習していたので、それを演奏しました。一音一音魂を込めて弾きました。不思議なことに、このときだけ指の引きつりが少し緩和されたのを覚えています。目の前にいるオクサナ先生が、ピアノの巨匠だということを忘れ、ただ、心を込めて弾きました。

演奏が終わると、彼女は、

「わかったわ。あなたを信じて日本へ行くことにします。今日からあなたが私のボスよ」

と言って、大阪でのコンサートを引き受けてくださったのです。それ以降、彼女がいろいろなニューヨークの大物音楽家やプロデューサーたちに僕を紹介するときは、

「信じられないだろうけど、この坊やが今の私のボスよ」

と言っておられました。

オクサナ・ヤブロンスカヤ先生が、僕の演奏を聴き、僕という人間を信用し、日本へ来ることを決意してくださったという事実は、一生忘れられません。

オクサナ先生からの花束を抱きかかえて、母は泣いていた

その後は、資金集めに東奔西走し、滋賀、愛知、大阪の三都市でコンサートを開催することになりました。それぞれの演奏会は満席で、クラシックのコンサートにしては、素晴らしいチケットの売れ行きでした。心ある方々が、惜しみない援助をしてくださったおかげです。滋賀県の長浜市でのコンサートは当時の宮越市長が、町をあげて応援してくださいました。地元の市民会館は満席で、舞台上には美しく和のアートを施し、なにもかも完璧な状態で迎えてくださいました。

演奏会後は、着物を着た方々で花道を作ってくださり、オクサナ先生は楽屋を後にされました。先生の顔には満面の笑みが見えました。

大阪のコンサートでは、僕が通った幼稚園、小学校、中学校、高校の先生、大学の教授や友人たちが足を運んでくれ、「きっと僕の葬式でもここまでは集まってくれへんやろうなあ〜」と思ったものです。

母は病気の体を押して、素晴らしくオシャレをして前列で見ていました。当日、舞台上でのインタビューをお願いしていた司会者の方が、体調不良のためドタキャンとなり、急きょ僕が司会進行を務めたのですが、このときにはある程度英語が話せるようになっていたので、インタビューの同時通訳も自分でしました。今考えると、母や故郷の皆さんに僕の姿も見てもらえたので、自分で司会進行ができてよかったと思います。

演奏会後、オクサナ先生から僕の母に花束が贈呈され、母は世界の巨匠からいただいた花を抱きかかえながら泣いていました。「一番の薬です」と通じるわけもないのに、一生懸命日本語でオクサナ先生に話しかけていて、そんな母の本当に幸せそうな様子を見るにつけ、無理してでもやって良かったなと思いました。

リンカーンセンターでオペラに出演

オクサナ先生のコンサートのプロデュースは、ひとまず成功に終わりましたが、やはり自分自身が音楽を表現したい気持ちはずっとありました。そんなことを考えていたら、ニューヨークの新聞に〝日本のオペラのキャストを募集〟の記事が載っているのを見つけました。山田耕筰が作曲したオペラ『黒船』です。応募したところでまさかオペラに出られるとは思っていませんでしたが、この時期の僕はとにかくやれることはなんでも挑戦せずにはいられませんでした。

そこで一か八かでそのオペラのオーディションを受けたところ、漁師と武士の二役をいただき、今度は歌でリンカーンセンターに出演することになったのです。

ちなみに、僕は歌のほうはプロではありませんが、高校時代から音大受験に向けて、発声のレッスンはずっと受けていました。音大に入学してからも、副科は声楽でした。かといって、やはりプロのオペラ歌手たちに混じって歌うのは、並大抵のことではありません。

毎週声楽の個人レッスンに通い、土曜日は全員でのリハーサルが行われました。キャスト全員でのリハーサルは四カ月にわたりました。プロのオペラ歌手数十名がいっせいに歌う中にいるときは、壮大な気分に浸ることができましたが、僕のソロの部分にくると、たちまち細く、磨かれていない声になり、本当に逃げ出したい気分に何度もなりました。

普段のリハーサルでは伴奏はピアノですが、本番が近くなると、伴奏は本物のフルオーケストラで、そこに数十名のフルコーラスが入ります。

僕は自分のソロのパートの入りのタイミングが合わず、何度も何度もオーケストラを止めてしまいました。僕が止まると一〇〇名近い演奏者全員が止まらなければなりません。にもかかわらず、皆さんが強くサポートしてくださり、なんとか本番まで漕ぎ着けました。おかげでかなり痩せました。

本番はアリスタリーホールの大ホールの舞台でフルオーケストラとフルコーラスをバックに、短いながらもソロを歌うことができて感無量でした。

現在は、オペラ歌手の伴奏をしょっちゅう行うので、僕自身がオペラに出たことによって、身をもって歌手たちの気持ちも苦労も声楽の深さもわかることができた貴重な体験だったと思います。

それに何よりこのオペラへの出演で良かったことは、小さいながらも僕の名前が載ったポスターを、日本にいる母に見せることができたことです。母はとても喜んでいました。

ピアノの名門ブランドに飛び込み営業

学校も軌道に乗り、生徒さんたちも、子どもから大人まで、徐々に増えていきました。これも、行動派の山本先生の手腕によるものです。山本先生は完全な有言即実行型で、思いついたらすぐ行動する方ですが、僕はその逆で、ついつい物事を後回しにしてしまう性分です。

ある日、山本先生と車に乗りながら、ピアノ販売店の老舗である「スタインウェイ&サンズ社」の話をしていました。ニューヨークのスタインウェイは、世界の有名ピアニストたちがこぞって訪れる場所です。僕も、高校生の頃からスタインウェイ社専属の調律師フランツ・モア氏が書いた本が大好きで、本が擦り切れるほど何度も何度も読みました。

フランツ氏は二〇世紀最大のピアニストの代表ホロビッツやルービンシュタインなどの大大大ピアニストたちと、そのスタインウェイで一緒にピアノの調律の仕事や演奏をしていたのです。そのようなこともあり、スタインウェイホールはこの世紀の大ピアニストたちが演奏した場所であり、僕にとっては聖なる場所なのです。クラシックとは違いますが、ビリー・ジョエルも、しょっちゅうこのスタインウェイホールで練習したり、作曲したりしたそうです。僕はそのとき興奮気味に、

「もしあんなすごいところで演奏会なんかできたら、夢のようですよね。本当に憧れます」

と話していました。

山本先生「そうよね。あそこは世界中のすごいピアニストが集まるから、並大抵じゃ相手にしてもらえないでしょうね」

僕「そうですよねえ……」

と、たわいない会話があり、その後学校へ到着し、さてレッスンの準備でもしようかと思いきや、山本先生が受話器を持って現れ、
山本先生「はいどうぞ。電話よ」

僕「なんですかこれ？」

山本先生「ニューヨークのスタインウェイ本社に電話するのよお」（笑顔）

僕「えええっ⁉　マジっすか⁉　ちょ、ちょっと深呼吸……」

僕は一気に緊張してきて、汗が出てきました。

僕「マジで電話するんですか⁉」

山本先生「さっきあなた、夢の話をしてたじゃない。何事も行動を起こさないと始まらないわよ」

僕は一度トイレへ行き、さらに深呼吸を数回し、高校生のときから憧れていたニューヨーク・スタインウェイ本社に電話しました。

本社に電話をかけ、スタインウェイホールで演奏会をしたいことを伝えると、先方がキースという名の責任者につないでくれました。僕がオドオドしながら、

「そちらのホールで自分の生徒と演奏会をしたいのですが」

と言うと、初めはかなりぶっきらぼうに対応され、相当、萎縮してしまったのですが、とにかくキースとスタインウェイ・ニューヨーク本社で会うことになりました。

強気の交渉

僕は、アポイントの時間の三〇分前から到着し、ビルの前を行ったり来たりしました。

「わあ、ここが高校生のときに読んでいた本に出てくる、まさにその場所や……」と、心臓がドキドキしました。

時間になり、建物の中へ入ると、ベルサイユ宮殿のように装飾を凝らした、大理石でできたドーム型のホールがあります。その奥にキースがいて、僕を待っていました。

入り口から奥の部屋までは、距離にするとほんの一〇mから二〇mほどなのでしょうが、震える足で厳《おごそ》かに歩きながらポーカーフェイスを装い、心の中で「来ちゃったよ！　スタインウェイ！　本当に来ちゃったよ‼」と思いながらドキドキしていました。

確かに、豪華さだけで話をすると、ほかにももっと素晴らしい場所はありますが、このスタインウェイホールの歴史が僕にとっては、おそろしく重厚なものでした。

彼は、まずは館内を案内して見せてくれました。初めはとても無愛想で、まったく好感が持てませんでした。

館内を見たあと、事務所で腰を下ろし、彼から演奏経歴などについて詳しく聞かれました。ニューヨークには、超トップクラスのピアニストが驚くほどウジャウジャいるので、僕が少しくらい大きなホールで演奏してたとしても、大して特別ではないのです。

あまりにもぶっきらぼうに話をされ、挙げ句の果てに、

スタインウェイホール

「ホールは使えるかわからないけど、二階の小さなサロンなら使っていいよ」

と言われ、そのサロンを見に行くと、三〇人も入るか入らないかの小さな部屋でした。

そのとき、「あ、なめられてる……」と思い、急に強気になってきました（逆境に強いのです）。

僕が、

「あなたは、ピアノの販売もするんですよね？よかったらお名刺をくださいますか？」

と言うと、彼は、

「もちろんさ。名刺はこれくらいでいいかい？」

と言い、二、三枚、僕にくれました。僕は、

「いや、もっと必要だから、今あるだけください」

と言うと、彼は、

「じゃあ、事務所に戻ろう」

と言い、事務所に戻って、新しい箱にビッシリ詰まった名刺の中から、一〇枚ほどくれました。僕は、

「いや、もっとくれますか？　あなたの宣伝も必要でしょう？」

と言い、数百枚の名刺が入った箱を丸ごといただきました。

その場で、とりあえずその年の一二月の週末に演奏会の日程をスタインウェイホール（ルタンダ）で押さえることができました。

キースの後日談によると、僕がキース側の立場になって話をした気持ちがうれしかったそうで、それが即契約につながったようです。そんな簡単なことで？　と思いましたが、多くのピアニストたちは、自分のわがままを通そうとするケースが多いそうです。こればかりは、僕の知らない世界ですが。

ちょうどクリスマス前だったので、〝クリスマスコンサート〟と題して、僕の生徒たちと発表会をすることにしました。

（この年以降も、毎年スタインウェイでクリスマスコンサートを続けています。しかし、二〇一三年、スタインウェイのビルと会社ごとヘッジファンドに買収され、二〇一三年のクリスマスコンサートをもって、この歴史あるホールでの演奏会は終わりを告げます。二

○一四年からは、カーネギーホールと個人契約を結ぶことができたので、クリスマスコンサートをカーネギーホールのウェイルホールで行うことになりました）

憧れのスタインウェイホールで復活

ある日、学校のレッスン室でプーランクの曲を練習していたら、入学を申し込みに来られた大人の方が入ってきました。するとその方は、

「こちらの先生ですか？　とってもきれいな音で演奏するんですね。ぜひ先生からレッスンを受けたいと思いますが、可能でしょうか？」

と言うではありませんか。

とてもうれしくて、調子に乗り、あの広大なハドソン川に飛び込んで向こう岸まで泳げるような気分になりました。まさに「豚もおだてりゃ木に登る」状態。

「こうなったら、なにがなんでもプーランクを演奏してやる～！」と思い、気の遠くなる超スロー練習と、ありとあらゆる練習方法での特訓を続けました。スタインウェイホール

での生徒たちとの発表会では、僕自身は人前で演奏できるレベルではないと思っていたので、出演する気はありませんでしたが、うれしいことを言われてから、もうすっかり出る気になっていました。

僕のマンハッタンの家から職場（コネチカット州の幼稚園）まで出勤に片道二時間弱かかるので、寝袋を持って教室に泊まり込み、通勤時間の往復四時間が浮くので、アフターファイブから明け方まで練習できました。

そうすれば、一日に八時間働いたとしても、九時間も練習ができるのです。一時間を雑用（食事も含め）に使って、若かったので六時間も寝れば十分でした。

幸いなことに、職場にはシャワールームとキッチンがついていたので、問題なく生活ができました。

この時期、神経外科医や脳外科医、外科医、ハンドセラピスト、スポーツセラピスト、マッサージ師などの専門家たちと会い、診断もしてもらい、多方面から体のことを勉強しました。そこで学んだことを生かし、練習に九時間を取っても、きちんと休憩を入れたり、手首や体をストレッチしたり、深呼吸をしたり、走って血行を良くしてみたり、考えうる様々な方法を取り入れ、九時間という貴重な時間を使いました。

もちろん、イメージトレーニングもしょっちゅうやりました。単に同じパターンで繰り返して練習しても、あるところまで行くと限界があるので、四方八方から自分の弱点を打ちのめそうとしました。

今考えると、演奏復活をするために大切だったことは、体だけでなく、心理的なことでした。心理学者と会い、心の勉強もして、心のセラピーも受け、とにかくピアノを弾く上で必要であろう身体的、そして心理的な事柄をよく勉強したことが必要だったのだと思います。


この年の感謝祭の日（一一月の第四木曜日に行われる、日本でいうお正月ほどの家族や友人が集まる大イベント）、僕はどのパーティーにも行かず、一人で学校で練習をしていました。ある雨の降る夜、練習後に家路につくとき、近所の家々から明かりが漏れ、窓越しにパーティーで楽しむ人たちの笑い声を、羨ましいなあ……と思いながらよそ見して歩いていたら、水たまりに足を引っ掛けて、バシャン！　と水たまりの中に転び、ビチャビチャになりながら雨の中を寒さに震えて一人で家に帰りました。

とても寂しく、心も体も寒かったのを覚えています（今思えば、その情景は自分のことながら不幸すぎて、逆に笑えるのですが）。

そして一二月、練習の甲斐があり、僕の生徒たちとのクリスマスコンサートで、両手合わせて五本の指で、ついに憧れのニューヨーク・スタインウェイホールでプーランクの『即興曲第15番』を演奏することができました。

演奏を終えてロビーに僕が出てきたとき、作織さんがいました。僕が指の不調を訴えたときに、「あら、じゃあ日本に帰ったらどう？」「そんな甘い考えじゃ、ニューヨークではやっていけないわよ」と喝を入れてくれた大実業家の川野作織さんです。彼女は、誰よりも先に僕のところにきて、抱き締めて、大泣きしてくれました。

これはごく最近聞いた話なのですが、作織さんは、僕の天邪鬼な性格を見抜いていて、同情するとダメになるけど、喝を入れると頑張れることを知った上で、愛のムチをくださったようです。

このときはそんなことも知らず、作織さんに言われたとおり、あきらめなくて、期待に応えられて、本当に良かった、とひたすら感謝するばかりでした。

その夜、アメリカ人の友人たちがサプライズパーティーを用意してくれていて、宝石箱をひっくり返したようなクリスマスの装飾に彩られたマンハッタンで、アメリカらしい、とっても幸せで温かい夜を過ごせました。

母の死

母は、プーランクの『即興曲第15番』をとても気に入り、日本に帰るたびに弾いてほしいと頼んできました。母の病状が悪化していき、一カ月か二カ月おき、最後のほうは三週間おきに日本に帰っていましたが、唯一動く右手三本、左手二本で、この即興曲を彼女のために家で何度も弾きました。

母に投与されていた抗がん剤は強く、脳があまり機能しなくなってきて、以前のように話ができなくて、なんとも悲しい気持ちになりました。そんな母が、突然「オクサナ先生」と言ったのです。オクサナ先生のコンサートから二年八カ月ほど経っていました。扇風機と車の絵を見せても、どちらがどちらかわからず混乱していた母を見ていたので、僕はとても驚きました。意識がもうろうとしていた母でしたが、僕の顔を見て、「オクサナ先生……ゴヘイ究極にカッコええ」と口にしたので、母にとってよっぽど強烈な思い出になってくれたのだと思います。

ニューヨークに戻ったある日の朝、いつもの通り音楽院へ出勤するために家を出ようとした矢先、日本にいる弟からの電話を取ると、「オカン逝ったで」と聞こえてきました。母はそのとき、五三歳でした。

二週間前に日本にいたとき、僕が母に言った言葉は、「今までお弁当を作ってくれて、ありがとう」でした。幼稚園のときから、小学校、中学校、高校と、一五年のあいだ毎朝毎朝早起きして作ってくれたお弁当のお礼を何気なく伝えたのですが、それが最後の言葉となりました。

実は、この頃あまりに頻繁に日本とニューヨークの往復を続けていたし、医療費も高くついて、借金が増えてしまい、母の葬式のために日本に帰ることができませんでした。これが僕の一生の後悔です。父と話をして、僕はマンハッタンの自宅で母の葬式を、日本と時間を合わせて行いました。

母は、ピンクが大好きだったので、部屋中を数百本のピンクの薔薇で埋めて、弔問客の皆さんにはあえて黒の服を避けていただくように頼み、華やかだった母にふさわしいお葬式をしました。

これは単に僕の自己満足なのかもしれませんが、きっと母が生きていたら「ひゃ〜、キレイやなあ〜」と言ってくれたと思っています。

子どもの頃にお坊さんに憧れて、般若心経を暗記していたので自分でお経も唱えました。このときに、日米の大きな文化というか習慣の違いを感じたのですが、日本人の友人たちは、なにを言っていいのかわからないといった感じで、挨拶だけして後は黙ってじっとしていましたが、アメリカ人の友人たちは「私になにができる？　なにかできることはある⁉」と言いながら僕の体を強く抱きしめてくれました。

もちろん日本人の友人たちも多大なサポートをしてくれましたが、このとき、日米の表現の違いを肌で感じました。

このマンハッタンの自宅での母の葬式のとき最も辛かった瞬間は、母を火葬する時間帯でした。

しょっちゅうハグしたり、ホッペにキスしたりしていましたが、その体が燃やされて、灰になると考えただけで、恐怖と寂しさがこみ上げてきました。

ニューヨークには、僕の家族や身内は一人もいないので、気を強く持って、一人で母の葬式を終わらせましたが、すべてを終え、一人きりになったとき、初めて号泣しました。このときは、日本が本当に遠く、孤独を感じました。

ただ、身近に親身になって心配してくれた友人たちがいてくれたことは、本当にありがたかったです。

ところで、この日、とっても不思議なことが起こりました。

弟と電話でやり取りした際、こう言われたのです。

「兄ちゃん、もし蛾を家で見ても殺さんといてな」

僕がなぜかと聞くと、その日祖母の家のキッチンに珍しく蛾がとまっていたそうで、それを祖母が叔母（母の妹、チャコちゃん）に伝えると、叔母の家のキッチンにも蛾が止まっていたのです。そして弟の家のキッチンにも蛾が出ました。

僕が、

「そんなん偶然やって！」

母との最後の写真

と言いながら自分のマンションのキッチンを見ると、なんとキャビネットに三㎝くらいの小さな蛾がとまっていました。ニューヨークに来て一五年目を迎えますが、後にも先にも家の中で蛾を見たことはありません。「きっと美子ちゃんのスピリットが皆に会いに来てくれたんやろうなあ」と家族全員で不思議な感覚を共有しました。

しかし、今でも、あのとき無理してでも、さらに借金してでも葬式に出席しておけばよかったと、非常に後悔しています。きっとこの後悔は僕が死ぬまで続くと思います。

昼は、音楽院で仕事をし、夜はバーテンダーをして、借金を全額返し、それから初めて日本へ帰ることができました。母の死の一年後になっていました。

親戚も家族も母の納骨を僕が帰るまで待っていてくれたので、お坊さんの立ち会いの下、母の納骨をしました。いざお墓の蓋を閉める際、僕は「ちょっと待って！」と言って、墓の中に再度手を突っ込んで、今入れたての母の骨をもう一度手に取り、何度もキスをしました。そして最後にもう一度「美子ちゃん、今まで本当にありがとう。愛してるよ‼」とお礼を言って、墓の蓋を閉めました。

それを見ていたお坊さんは、「今まで、納骨の際に墓から骨を再度取り出して、キスをした人は初めてです‼　ウチのお寺は七〇〇年ほど続いていますが、記録にも残っておりません。感動しました」とおっしゃってくださり、後に本願寺から手に入れた仏壇のセットを譲ってくださいました。

僕のマンハッタンのアパートには、それを使って自分で作ったお仏壇があります。

復活のきざし

スタインウェイホールで五本指での初演奏を終えて、何か希望の光が見え始めました。

しかし、その翌年の四月に母が他界し、また暗い、落ち込む毎日が続きました。まだ母の四十九日にも満たない頃に受けたメディテーション（瞑想）のクラスで、たまたま僕の前に座っていたのが、オペラ歌手の田村麻子さんでした。今考えると、母がこの出会いを作ってくれたのかな、と思っています。

麻子さんは、世界三大テノール歌手のパヴァロッティ、カレーラス、ドミンゴなどの歌手たちと共演の経歴もある実力派歌手で、世界をまたにかけて一線で活躍しています。毎年大阪城ホールで行われる、佐渡裕さん指揮の〝一万人の第九〟でも、ソプラノのソロを何度か担当しています。

実は彼女、歌手になる前はピアニストを目指していて、子どもの頃からピアノの英才教育を受け、かなり厳しいレッスンを続けてきただけに、僕のジストニアにひどく同情してくれました。「じゃ、今動く指だけで演奏できるような、シンプルな伴奏ができれば、一緒に演奏しない？」と申し出てくれたのです。

この出会いにより、僕は彼女から音楽的な感性を多大に受け、さらには演奏をあきらめない勇気をもらって、少しずつお尻を叩いてもらいながら、技術的にはとてもシンプルなアベマリア（シューベルト）のようなやさしい伴奏の曲を二人で何度も何度も一緒に練習しました。

徐々に伴奏にも慣れてきた頃、

「悟平、こうやって少しずつ演奏できる曲のレパートリーを増やしていって、悟平も少しずつソロで弾ける曲を作っていって、そのうちコンサートやろうなあ！」

と言ってくれました。

医者には二度と演奏活動に復帰できないだろうと言われ、一度は演奏どころか、自分の命さえもあきらめかけた僕にとって、一流の演奏家から言われた「そのうちコンサートやろうなあ！」という言葉は、いい意味で非常にショッキングでした。

それ以来、僕はまたイメージトレーニングを始めました。

初心者にもプロにも効果的な練習法

「いつか絶対に、麻子さんと演奏会するぞ〜。絶対に叶うぞ〜」と頭の中で、二人で気持ち良く演奏会をしていて、それを観客が楽しんで聴いてくれている情景を毎日想像し続けました。

不思議なことに、徐々に僕の心も解放されていき、リハビリを続けていたこともあり、右手の中指と薬指（ずっと曲がり続けていた指）が、時々開くようになっていったのです。「弾けるかもしれへん！」と思い、メンデルスゾーンの『無言歌集』という曲集の中にある『二重唱』という男性と女性がまるでデュエットをしているかのように、美しい旋律が低音と高音で交互に演奏される曲を、練習し始めました。次、いつ指がまた動かなくなるかわからないので、空き時間を作らないよう、職場に寝袋を持参して弾き続けました。

この曲は優雅で美しい反面、メロディーとベースを弾いている間に、細かい音符でずっと動き続ける内声（メロディーとベースの間にある音）を同時に弾かなければならないテクニックを要します。

たとえば、右手の小指でメロディーを強い音で弾きながら、親指、人さし指、中指、薬指で、まったく違う音型で細かく動く音符を弱い音で演奏する繊細なテクニックが必要なのです。右手は難しいのですが、左手はそれほどのテクニックは要さず、ベースをゆったり弾くだけなので、指の数だけでいうと、この曲は僕にピッタリだと思ったのです。もちろんこの曲の美しさに心を奪われ、どうしても弾けるようになりたかったのもありました。

「絶対に弾けるようにする！」と決めたので、その日から毎日ゆっくりゆっくりと、一音一音、時間が止まったかのように、気の遠くなる練習法で特訓を続けました。

一六分音符（一拍の四分の一）のように、普通に演奏したら一秒に四個から六個（さらに多くの音が入る場合もある）の音を弾くのですが、一六分音符一個弾くのに約六秒ないし一〇秒かける遅さで、すべての音符を何度も何度も弾き、筋肉に一音一音を染み込ませる感じで、練習を続けました。この遅さで曲を弾くと、三分で終わる曲が二時間ほどかかります。辛抱が必要でしたが、これを続けました。

とにかく僕は、筋肉にゆったりと時間をかけて、ピアノ演奏技術を再教育するように心がけました。

僕はこれを禅プラクティス（練習）と呼んでいて、まるで禅をするかのように心をしずめ、呼吸を整え、時間をかけ、一つ一つの音符を弾きました。半年くらいこういった練習を続けていると、次第に曲がっていた指もだいぶ安定してくる感覚を感じるようになっていきました（この方法は、ブラッドショー先生がラフマニノフから学んだ奏法を僕なりにアレンジしたものです。かなり即効性があるので、ピアノを弾く方、ぜひ試してみてください。指が健全な方は、一つの音符に対して二、三秒のホールドで良いかと思われます。ホールドしている間は、必ず手首やひじの力は抜くことが大切です)。

でも、気を許すとまたギュッと指が内側に曲がり、また一からゆっくり練習をする、ということを一年間続けました。

初の七本指演奏

そして、二年目のスタインウェイホールでの生徒たちとの発表会で、このメンデルスゾーンの『二重唱』を、右手五本、左手二本の合計七本指で演奏することができました。

僕にとっては奇跡的な出来事です。しかし、指が悪いことを知っていたにもかかわらず、ある年配の生徒に「なんだか演奏が普通でがっかりしました。次はもっともっと派手に弾けばよろしいのに」と言われ、一瞬落ち込んだのですが、いつものコンプレックスが長く頭をもたげることはありませんでした。

ジストニアになる前の僕だったら、このような感想に敏感に反応し、心を痛めていましたが、今回は逆に「はあ？　なに言うてんねん。こっちは不治の病っていわれる病気を克服する最中やねん！」と思い直し、同時に、酷評をくれた生徒のおかげで、「さらに美しく演奏できるようになろう！」という向上心が芽生えてきました。

いろいろな経験や失敗にもまれながら、いつの間にか心が鍛えられていたようです。

本場ヨーロッパからブラボーコール

同じ曲を二年ほど練習した頃、やっと指の違和感をほとんど感じずに演奏できるようになっていきました。この時期は、メンデルスゾーンと同時進行で、ショパンの『ノクターン第13番』（ノクターン Op.48 No.1）も練習し、習得してきていました。

『ノクターン第13番』は、別名〝バラード５番〟ともいわれ、ほかのノクターンに比べて比較的派手な箇所はあるものの、胸が痛くなるほど切なく甘美なメロディーを含む、ドラマティックな曲です。ブラッドショー先生から猛特訓を受けた「レガートタッチ」や、豊かな音楽表現が必要とされます。

そんなとき、イタリアの国際音楽フェスティバルへのお誘いがきました。コズモ先生がディレクターを務める、イタリアはトレンティーノで行われる「ムジカ・エ・アルテ」という国際音楽フェスティバルです。

このフェスティバルでの僕の仕事は、講師としてのレッスンと演奏をすることでした。ロシア、アイスランド、カナダ、アメリカ、日本、中国、イスラエル、ウクライナ、もちろんイタリアを含むヨーロッパ各地から数多くの音楽家が集まりました。

世界中から集まった音楽家と約一週間をともに過ごし、毎日レッスンをして、夜は参加者がそれぞれの持ち曲を披露するコンサートが開かれました。僕は講師として呼ばれたので、最後の夜に約千年前に建てられた大聖堂で演奏することになりました。

実は、主催者から、僕がジストニアだということについて言わないように口止めされていました。病気を隠さなくてはいけないことに内心ムッとしましたが、言われたとおり公言しませんでした。きっと僕が滑稽な指づかいで演奏するのを、聴衆は不思議に思ったでしょう。

『ノクターン第13番』。この選曲は、自分への挑戦でした。かつて僕が最も苦手としていたレガートタッチと豊かな音楽表現を生かして弾きこなせるか。ブラッドショー先生の教えが身についているか、クラシックの本場ヨーロッパの聴衆にジャッジされるからです。

自分の演奏の番がくるのを舞台袖で待っている間、またもや口から心臓が出そうなくらい緊張しました。でも、いざ舞台に上がった途端、不思議なほど冷静になり、天からインスピレーションがどんどん降りてくるような奇妙な感覚で演奏を最後まで続けることができました。ゆったりと、歌い上げるように——。以前はどう演奏したらいいかわからなかったことが、今やすっかり自然と自分のなかから出てくるような感覚になっている——。

あの瞬間、僕は完全にトリップしていました。


演奏が終わると、ブラボー！　ブラボー!!　と叫ばれ、僕が舞台袖にはけた後も拍手が鳴りやまず、カーテンコールが続きました。あああ、夢なら覚めないでほしい……。まさか自分がヨーロッパの大聖堂で演奏できる日が来るなど思っていなかったし、ましてや本場ヨーロッパの聴衆の皆さんからブラボーコールをいただけたなんて。

テンポが速くて激しく派手な曲は、その迫力に圧倒されて、聴衆の方々がブラボーコールをする場合は多々ありますが、比較的静かなノクターンの曲で、ブラボーをもらえたことが驚きでした。ブラッドショー先生が教えてくれた、レガートタッチと豊かな音楽表現が、本場で受け入れてもらえたのです。

ヨーロッパでカーテンコールをいただくということは、これを逆にたとえると、外国人が日本の歌舞伎などの古典芸能を勉強し、日本で演じて日本人に認めてもらえた、といった感覚でしょうか。

夢が実現したのです。一〇本の指で演奏できたときから、ヨーロッパの大聖堂でいつか弾きたいと思っていました。それが皮肉にも、ジストニアに侵されてから、多くの医者から一生弾けないと言われたあとに、叶いました。

何よりうれしかったのは、演奏を終えた僕を舞台袖で迎えてくれたコズモ先生から「Best performance ever.」（今までのどの演奏よりも良かった）と言われたことです。

僕が一〇本指で演奏ができていた頃は、音よりも演奏の派手さで人を魅了しようと思っていたことを、彼はよく知っていました。その恩師が、僕の「音」を聞いて、今までで最高と言ってくれたことは、これ以上ないくらいの喜びでした。

ピアノを弾き始めた頃、父はよく僕に「自己満足の演奏はあかん。それはマスターベーションと一緒や。人に何かを訴えるように弾かなあかんねん」と言っていました。その教えが真実だったと確信できた瞬間でもありました。

演奏後、あれだけ公言するなと言っていた主催者は、初めて皆に僕の指のことを話しました。不思議に思った僕がなぜ今頃？　と聞くと、

「先にジストニアのことを話してしまうと、お客さんや参加者は、指の支障を頭に入れた上で君の音楽を聴くけど、言わなきゃ君の音楽だけを聴いて評価できるだろ？」

と泣けるようなことを言うのでした。

大阪でのリサイタル

イタリアでの経験をバネに、少しずつ演奏できる曲を増やしていき、僕は大阪でのリサイタルを計画しました。実は母が亡くなった後、父が鬱《うつ》になり、別人のように弱り切ってしまったのです。

母の生前、二人は非常に仲睦まじく、父は母のことを美子ちゃん、母は父をパパと呼ん

母の生前、最後に撮った家族写真。前列左から、弟、母、祖父、２列目左から、父、祖母、一番うしろが著者

で、僕と三歳年下の弟の前で平気でキスしていました。母が買い物に行きたければ父はすぐに車を出し、体調が悪ければ付きっ切りで看病し、まったくあきれるほど愛し合っていました。もちろん口喧嘩することもしょっちゅうでしたが、いつの間にか一緒にお茶を飲んで仲直りしている。そんなふうにしてずっと一緒に歩んできた母が亡くなったことで、父はすっかりふさぎ込んでしまったのです。

そういう父の状態を見るにつけ、ニューヨークでの仕事を切り上げ、日本に帰って、親の面倒を見たほうがいいのではないかと思うようになり、実際数カ月間大阪へ帰りましたが、父は、「お父ちゃんのために今までのこと全部あきらめて帰ってこられたら、余計しんどいわ！」と言うばかりです。というのも父は五代目吉田奈良丸を名乗る浪曲師です。同じ芸事をする人間として、僕が父のためにすべてを捨てるのが辛かったようなのです。

幸い弟が、

「兄貴は自分のこと頑張れや。オトンのことはこっちで面倒見るから」

と言ってくれたので、アメリカに戻りましたが、父に笑顔を取り戻してもらいたいと思っていたので、大阪でのリサイタルを開くことにしました。

このリサイタルは、僕がジストニアになって自殺未遂をしたあとに、「夢はあきらめたらアカンわん！」と喝を入れてくれた加藤先生がすべてセッティングしてくださいました。「また弾けるようになったら、僕が君の地元の堺市でコンサート開いたるから」とおっしゃっていたのを、実現してくださったのです。

発病後初めてとなる故郷でのリサイタルでは、右手は不自由ながらも五本全部を使えるようになり、さらにうれしいことに先述のオペラ歌手の麻子さんも友情出演してくださり、おかげで久々に父の笑顔を見ることができました。とにかく、自分の指でピアノを弾く演奏会を故郷で開くことができて、本当にうれしかった。母には聴いてもらえませんでしたが、父や祖父母や親戚に見てもらえて、感無量の気持ちでした。

ジストニア発症後、初のリサイタル

大阪での演奏を終え、さらなるキャリアアップを目指そうとした僕は、今度はニューヨーク・スタインウェイ社サポートのもと、スタインウェイホールでリサイタルを開けることになりました。

実は、これを提案してくれたのは、初めは無愛想だった、スタインウェイホールの当時の責任者、キースです。キースとは、初めて交渉して以来、しょっちゅうコンタクトを取っていました。そうすると、時間が経つにつれ、僕をサポートしてくれるようになっていきました。

二〇〇五年から、「発表会」や、イタリアで行われたような「ガラコンサート」（オペラ歌手やほかのピアニストたちが集まって行うコンサート）には出ていましたが、リサイタルを開くのは、ジストニア発症後、初めてでした。

またもやオペラ歌手の麻子さんが友情出演してくださることになったので、演奏会プログラムは、歌とピアノが交互に聴けるように作りました。もちろん伴奏は、僕が弾きます。以前練習していたシンプルな伴奏のルッツィのアベマリアから始まり、次第に僕の複雑なピアノソロに展開していき、麻子さんの素晴らしい歌声でクライマックスを迎えるような構成にしました。

会場は立ち見席が出るほどの大盛況で、生徒の子どもたちも応援に来てくれていました。麻子さんの美しい歌声に合わせて伴奏できたときは、久々にピアノを通して音楽を表現できたようで心底うれしかったです。水を得た魚のようないきいきとした気分に浸ることができました。本番が終わる直前までひとときも気が抜けませんでしたし、演奏する直前は「あああ、こんなことやるんじゃなかった‼」と思うくらい緊張しましたが、本番が終わると「やっぱりやって良かった‼」と心から思いました。

割れんばかりの拍手を浴びながら、退場する際、キースが舞台裏の柱の横にずっと立って見ていて、僕が退場する通りすがりに「Congratulations, Gohei.」（おめでとう、ゴヘイ）とボソッと囁《ささや》いたのが、今でも忘れられません。

このコンサートで集まったお金は、治療法の開発費の一部にでもなればと思い、麻子さんも同意の上で、「ジストニア・メディカルリサーチ財団」に全額寄付しました。

オクサナ先生のレッスン

少しずつですが、限られた選曲の中で曲を仕上げられるようになり、コンサートやリサイタルでも披露できるようになったので、心の余裕も出てきました。

そして、かねてからの夢であった、オクサナ先生の個人レッスンを受けられることになりました。二〇〇五年にオクサナ先生のコンサートをプロデュースしたときは、まだ指の調子が良くなかったので、レッスンを受けることができませんでしたが、そのあとずっと、彼女に「いつかレッスンを受けたい」と言い続けていたのです。

三年越しの夢が叶い、僕は浮かれていました……が、オクサナ先生は、容赦なく、普段通りにレッスンを進めました！

時々、「あの、ちょっと先生……僕、指に障害があるんですけど……」と、言いたくなるほど、まったく僕の障害を気にせずにたくさんの音楽的な要求をしてきました。これは、本当に素晴らしい経験でした。

情けをかけられて、同情されながら、ゆる〜く進むレッスンでは、僕自身も自分を追い立ててさらに上のレベルに精進することは難しかったと思います。その厳しさに、オクサナ先生の愛情と心の深さを感じました。

一時間のレッスンが三時間に及ぶこともありました。彼女は、どんなときもポジティブな言葉でレッスンをしました。ひどい演奏だったときでさえ、「どこそこの部分は、とても音楽的で良かったから、他の部分も必ず弾けるようになるはずだ」などとアドバイスしてくれました。

さらに、

「動かない指があるなら、動かすのよ！　指を怠けさせてはダメよ‼」

といつもおっしゃいました。先生も僕の指が病気だと知っているのですが、気持ちを上げるために、いつも前進できるような言葉を投げてくださいました。

ちなみに、オクサナ先生自身、とても小さな手の持ち主で、ラフマニノフやチャイコフスキーのコンチェルトなどのように、大きな手をもつ男性が作曲した曲を弾く際、非常に苦労されたそうです。しかし、手が小さいことが言い訳で、それらの曲を弾くのをあきらめず、小さい手でも弾けるように指遣いを試行錯誤し、完全に演奏できるように自分で工夫していったのです。だから、僕の手に病気があるからといって、自ら自分の可能性にリミットをかけるな！　と言いたかったんだと思います。

今でも忘れられない言葉があります。

「ゴヘイ、あなたはとっても音楽的な要素を持っているわ。だけど、神様はあなたに間違った手をあげちゃったのね」

そう言われ、意外に悪い気はしませんでした。「じゃあ、動かしてみせる！」と思いました。

また、彼女から念を押して言われたことのなかで、特に気を付けていることであり、きっと皆さんが驚かれるであろうことは、

「演奏中、音楽に酔いしれてはいけない」ということです。

「なぜ美しい音楽に酔いしれて演奏しちゃダメなの？」と思う方も多いと思います。特にショパンの作品のように、チョコレートにコンデンスミルクをかけたような、甘い甘～い

旋律を演奏する際は、「美しい音楽に浸りながらも、常に冷静な管制塔のような自分をキープしなくてはいけない」のです。

というのは、もし演奏者自身が、冷静な判断（曲全体のバランスや、細かい音のニュアンスをコントロールする意識など）を失い、音楽だけに没頭したら、それは自己陶酔にすぎない素人的な演奏だ、という意味が含まれています。

なんだか、どこかで聞いたことがある内容だな……と思って考えていると、昔、父から言われた、「自己満足の演奏は、マスターベーションと一緒や」と重なりました。日本の古典芸能である浪曲も、ピアノの詩人ショパンも、まったく違う種類の音楽ですが、根底のところでは同じ、ということでしょうか。

それからまもなくして、オクサナ先生は長年務めたジュリアード音楽院を退職し、ヨーロッパへ引っ越されました。オクサナ先生との出会い、彼女が僕を信じて日本まで一人で来てくださったこと、厳しいレッスンで学んだこと、彼女の演奏から感じた魂が震える感動は、僕が死ぬその瞬間まで決して忘れることはないでしょう。

そして僕は、ニューヨークに来て初めて、そして手に障害をもって初めて、国際ピアノコンクールに挑《いど》むことになります。

コンクールでの孤独

「先生、年齢に関係なく出られるコンクールがあるよ。しかも、障害があっても出られるそうですよ」

ある日、音楽大学を卒業したセミプロの生徒から教えてもらいました。この時期から、音大のピアノ科を卒業したような、僕より華やかに演奏される生徒さんがたくさん来てくれるようになっていたのです。

音楽コンクールには年齢制限があり、だいたい二〇代後半までに出場資格があります。僕はもう年齢的にコンクールに出られる資格がありませんでしたが、オクサナ先生からのレッスンのあと、自分の実力がどのくらいなのか試してみたいと思っていました。これはいい機会だと思い、僕はバンクーバーでの「国際障害者ピアノフェスティバル」というコンクールに出場することにしました。

僕はほとんどの場合、一人で各地へ行って演奏し、一人で帰ってきます。ずーっと一緒に行動し、弁当を作って用意してくれる人がいるわけでもなく、自分で荷物を持って、自分で食事を用意し、各地での演奏に備えます。ニューヨーク近郊の場合は友人知人が周りにいるのであまり感じませんが、地方では孤独です。

今回のコンクールでも、ほとんどの参加者は家族ぐるみで来ていて、ピアニストたちは家族の叱咤激励を受けながら、演奏していました。僕はそれを横目に「ええなあ～」と思いましたが、それほど気にもしていませんでした。

でも、一次予選、二次予選と勝ち進んでいくうちに、だんだんと結果が公表される際に皆さん、熱が入ってくるわけです。

そして最終決戦への結果を皆がボードの前で息をのんで待っているなか、いっせいに合格者が張り出される瞬間、決勝進出組の家族は抱き合って悲鳴をあげて喜んでいるのですが、僕は「滑っていても恥ずかしいし、合格して一人で跳びはねても恥ずかしいしなあ……」と思い、携帯電話で誰かと話をしているふりをして、結果発表を見ました。

「Gohei Nishikawa」の名前を見たとき、やっぱりうれしくなって、「イエーイ！　やったあ〜‼　受かってました‼」と、一人で誰にもつながっていない携帯電話に向かって叫びました。うれしさとともに、なんとも言えない虚しさも感じる不思議な感覚でした。別に友だちがいないわけではなく、バンクーバーの夜一〇時過ぎに発表だったので、ニューヨークでは三時間の時差で真夜中一時を過ぎていたのです。

結果発表を見た後、急にお腹が空いたので、近くのレストランへ雨が降る中、「少々濡れても誰も見てへんわ」と、傘もささずに（持っていなかった）走って行くと、お店の窓の外からコンクールの参加者たちが家族ぐるみでお祝いしている風景が見えました。彼らはグループになって、中で楽しそうにご飯を食べていました。

僕は頭と肩がびちゃびちゃで、なんだか恥ずかしくなってきて、一人でレストランへは入る勇気がなく、近くのお店でバナナを買ってホテルの部屋で食べました。

普段はまったく平気なのですが、このときだけはなんだか寂しがり屋の自分がもろに出ました。雨でびちゃびちゃになったまま、自分のホテルの部屋でバナナを食べていたら、絵的にあまりに惨めな自分が面白くて、一人で笑えてきたんです。

そうして、笑っていたら、だんだん楽しくなってきたので、髪をセットし直し、ロビーでウロウロしていたほかの参加者を招いて、自分のホテルの部屋でビールを買って飲み会をしました。今でも、そのとき一緒に飲んだ参加者たちと交流が続いています。

そんななかで、生まれつき両手の指が合わせて六本の男性と出会いました。その彼に、「悟平さん、演奏とっても楽しんだよ。だけど、七本指しか使えないって、可哀想だねぇ」と言われ、少し驚きました。僕としては、生まれつき指が六本しかないほうが、大変なんじゃないかと勘違いしたのです。僕が、

「なんで可哀想だと思ってくれるの？」

と聞くと、彼は、

「だって、僕は六本指で生まれたから、これが当たり前で、ずっとこのままだけど、悟平さんはずっと使えた一〇本指が、病気で使えなくなったんでしょう？　大変だったね。可哀想……」

と言われました。面食らいました。

なんと、心の広い温かい言葉なのだろう、と思いました。

それ以来、自分は小さなことでクヨクヨしてはいけないのだと、考えさせられました。

もし一位を取れるなら

　バンクーバーでのコンクールは、結果四位で、羽田《はた》総理（当時）から表彰状をいただきました。皮肉なことに、今までスピーチコンテストや、高校時代のロックバンドコンテスト、音大時代の学園祭の仮装コンテスト（クレオパトラになりました）などでは優勝したことはありますが、ピアニストのくせにピアノコンクールで優勝したことはないのです。

大小かかわらず、コンクールに出るとほぼ確実に最終の本選までは残るのですが、いつも三位、四位で終わります。

音大時代の文化祭で、クレオパトラの衣装で仮装コンテスト優勝。プロと間違えられ、テレビ出演の依頼がきましたが、プロではないので断りました

　それでも、演奏活動ができるということは、実はとてもラッキーなのです。というのは、ピアニストたちがピアノコンクールに出る目的

は、まず一つに賞を取って知名度を上げて、演奏の場を手に入れることにあります。演奏活動をすることが目的で、コンクールは手段。僕は、コンクールを受ける前に何度も演奏の場が与えられてしまったという、特殊な環境にいました。

余談ですが、数十年前のチャイコフスキーコンクールやショパンコンクールなどの世界的なコンクールの優勝者は一位を取ると、ほぼ一生食べていけるほどのレコード（ＣＤ）契約や、数年分の演奏活動契約が約束されていたように思いますが、ここ数年で世界中にコンクールの数が増え出して、国際コンクールで一位を取っても、以前ほどの価値がなくなりつつあります。

そんなご時世なので、とにかく一位をたくさん取ろうという〝コンクール荒らし〟と呼ばれるピアニストが増え続けているようです。彼らは一つのコンクールで一位を取っても、またほかのコンクールに出て一位を争い、そして優勝したらまたほかのコンクールに出るといった人たちです。

一位になることが目的でなく、いくつ一位を取ったかを競うことが目的になった人たちです。なかには、それゆえに出場停止を受けるピアニストもいるそうです。

この本にもいく度か登場する、エフゲニー・キーシンという世界的な大ピアニストは、グネーシン音楽院というロシアのあまり有名ではない音楽院を出て、有名な国際コンクールでの優勝歴を持たないにもかかわらず、ピアニストとして世界の頂点にずっと君臨しています。

これぱっかりは、才能や努力だけではなく、カリスマ性や運や時代やタイミングやその世代の世の中のニーズに合う合わないなど、様々な要素が重なり合って生まれる奇跡的な結果でもあるのでは？　と感じます。

キーシンの演奏を聴くと、彼がコンクールなしでも世界に羽ばたいた理由がわかります。さらに、オクサナ・ヤブロンスカヤ先生の演奏も、魂を丸ごと包まれるようなソウルフルな演奏で、世界の頂点に君臨する要素に満ち溢れています。

とは言いつつも、もし僕が世界的なコンクールで一位を取れるなら、取ってみたいなあと思います。それこそ夢の話ですが。

カーネギーホールでの歯抜け事件

その後、北海道在住のオペラ歌手の友人がカーネギーホールでのデビューが決まり、そのお手伝いをすることになりました。彼女は僕の指の状態を知った上で伴奏を頼んでくれたのです。最初は伴奏するだけの予定でしたが、蓋を開けるとチケットの売れ行きが良くない。北海道に住んでいる以上、ニューヨークでチケットを売るのは至難の業《わざ》です。

そこで、「じゃ、僕が宣伝してチケットを売るから、僕のソロも数曲入れてもいいかな？」と相談しました。彼女は「そうしよう」と快諾してくれました。そうなれば以前に増して宣伝する気にもなるし、自分も演奏するから友人にも来てもらいやすくなります。

当日までに本当にたくさんの方々が宣伝に協力してくださり、会場は満席でした。すべての演奏を終え、最後の一礼をした瞬間、会場の方々が次々と立ち上がりました。スタンディングオベーションです。舞台からの光景は壮絶で、まるでドミノ倒しの「逆再生」をスローモーションで見るように、下の階から上の階へと座席に座っておられたお客さんが次々と立ち上がり、全員総立ちで拍手をくださいました。想像をはるかに絶する圧倒的な声援に、僕は舞台上で思わず泣き崩れてしまいました。あんなに多くの人の前で涙を見せたのは、これが最初で最後です。

舞台上で、皆さんからの惜しみない拍手を浴びながら、昔行き詰まって手首を切ろうとした日を思い出しました。そして、死ななくて良かったと心底思いました。本当に皆さんが全身全霊で拍手をしてくださっていたのがわかったからです。

この瞬間があまりにも素晴らしかったので、今まで誰にも言わなかったのですが、実はプログラムの最後の曲を演奏していて、クライマックスに差し掛かったとき、左の奥歯の詰め物が外れてしまい、口の中に詰め物が転がり出したのです。

プログラムの最後にふさわしい豪華で技巧的な曲を弾いている最中で、しかも、あともうちょっとですべてのプログラムが終わるところだっただけに、「神様、今ここで、これですか？」と、あまりのタイミングの悪さを嘆きました。

絶対に演奏をやめたくなかったので、舌で詰め物を歯茎の所に押さえつけて、頑張って演奏しました。飲み込めないし、吐き出せないし、唾がどんどん溢れてくるしで大変でしたが、その曲はかなり練習しておいたので演奏自体に影響は出ませんでした。

曲を弾き終えると、汗を拭くふりをして、ハンカチに詰め物を吐き出しました。心底ヒヤヒヤしましたが、この歯抜け事件によって、どんな状況でも演奏できる自信はついたと思っています。

米日財団への参加

二〇一一年に、日米リーダーシッププログラムに応募しました。このプログラムの目的は、様々な分野で活躍する二八歳から四二歳までの日本人とアメリカ人が両国から二〇名ずつ参加し、一週間をともに過ごし、政治、経済、文化、芸術、教育、未来の抱負など、ありとあらゆる事柄について討論し、また楽しみ、交流を深める。これによって両国家の平和を、政府間だけでなく、国民レベルの絆をもって継続させようという素晴らしいプログラムです。応募した結果、二〇一二年の夏のシアトルでの会議に参加させてもらいまし

お世話になった米日財団理事長のジョージ・パッカード氏（左端）と

た。

そこで僕は、宇宙飛行士、政治家、役者、画家、銀行員、会社員、企業家、スポーツ選手などなど、あらゆる分野の第一線で活躍している方々と出会えました。

僕は、このプログラムの初日に軽く自己紹介のスピーチと演奏を行ったのですが、主催者であるジョージ・パッカード氏の寛大な意向で、最終日の日本人側の演説を任されました。

アメリカ人側は、ネバダ州上院議員のアーロン・フォード氏が任せられていました。

僕は「こりゃあ〜かなり場違いなところに来たな〜」と思いました。

というのは、このプログラムに参加して

いるそれぞれの方は、ほとんどが東大やハーバード大などの高学歴で、職歴もそれに付随して素晴らしいエリートなのです。普段なじみのない、政界や財界の方々を目の前にすると、少し構えてしまいます。

「なぜ僕が選ばれたのだろう？」という疑問を抱いていましたが、だんだん「せっかくのチャンスだ」と思えてきました。

また、ジョージ・パッカード氏が僕について、「He is one of a kind.」（彼は個性的だ）と言っていたと聞き、期待に応えなければと意気込みました。

そして迎えた最終日。各界の重役などのゲストもいるなか、初めは足がガクガク震えました。でも、すぐに演奏を歓迎する温かい雰囲気を感じとりました。結果、一〇〇名を超す方々の前でのびのびと演説し、演奏しました。

肌の色も、髪の色も、言語も、文化背景も、まったく違う人たちが、最後は一団となって、スタンディングオベーションで拍手をくださいました。これによって、僕は憧れのニューヨーク市長公邸での演奏のチャンスをいただきました。

ニューヨーク市長公邸での公演

ニューヨークの市長公邸は、グレイシー邸と呼ばれ、一七九九年に建てられました。ニュースで、よく市長が演説しているのを見ていましたが、まさか自分がその同じ演説台を使って自分の半生について演説し、ピアノを演奏するとは夢にも思いませんでした。お屋敷の入り口のセキュリティーは、まるで空港のそれのように厳しかったです。

演説する部屋には、スタインウェイのコンサートグランドピアノが用意されており、このピアノを弾いた瞬間、「僕のために作られたの?」と思うほど、指に馴染んでくれて、音も響き、最高の相性のピアノでした。今でも思い出すとウットリするほどです。

それとさらに驚いたことがあります。演説と演奏する一週間ほど前に、僕が本番前に食べたいもの、飲みたいものを聞かれたので「チョコチップの入ったクッキーとカフェインのないコーヒー」と答えていたのです。

当日、わざわざお菓子作りをするパティシエが雇われており、僕の待機する部屋に焼きたてのクッキーと入れたてのコーヒーが用意されました。

一五分ほどすると、それらを全部メイドさんが持って行こうとするので、

「待って！　まだ食べてるし、コーヒーもまだ飲んでるんです！」

と言うと、

「一五分もたって冷めてきたから、焼きたてのクッキーと入れたてのコーヒーをいれ直します」

とのこと。ひゃあああ～。どんだけすごいねん！　それから、五名ほどのメイドさんが入れ替わり立ち替わりやってきて、お世話をしてくださいました。

ここでも、あまりにも現実離れしすぎていて、緊張せずかえって楽しめました。

客席を見ると、ペンタゴンやホワイトハウス関係者も来ていて、もうハリウッド映画の世界でした。僕がそこにいらっしゃった方々に、

「まるで映画の中にいるようです。とても信じられない気分です！」

と言うと、観客の中の一人の方が、

「あなたが映画の中にいるのではなくて、私たちがあなたの映画の中にいるのよ。だって、あなたはインポッシブル（不可能）をポッシブル（可能）に変えたんですもの。そしてこ

ニューヨーク市長公邸での演奏会／Ben Asen撮影

のグレイシー邸で演説と演奏をしているのよ」

と言ってくれました。僕はここでも、会場総立ちのスタンディングオベーションをいただき、またまたトワイライトゾーンにいるような不思議な気持ちになりました。

二〇年以上前、ちょっとした下心がキッカケで始めたピアノのレッスン。音楽大学を受験することすら、多くの人に「やめたほうがいいよ、絶対に無理だよ」と言われたあの時期、誰がその後の僕の体験した素晴らしい出来事の数々を想像できたでしょうか？

「最悪の出来事も最高の出来事に変わる。

それぞれの出来事を生かすも殺すも、自分自身の考え方と行動次第なのだ」僕は今までの経験を通してそういうふうに思うようになりました。だから、なおのこともっと精進していきたいし、今まで学んできたことを伝えたいと考えています。

ジストニアで指が不自由になったことで、今まで見過ごしていたことへの〝気づき〟が増えました。それは練習時における神経や自己の精神状態や筋肉の状態に対する意識などにも反映します。

そしてなによりも、演奏時における音色に対してとても敏感になりました。不思議なことに、生徒さんの演奏を聴くと、どこをどうすればその人が楽に弾けるのかが、まるでお医者さんが診断するかのように聴こえてくるようになりました。盲目の人が指先の感覚だけで色を当てるような、第六感的な不思議な能力にも似ています。

その人がより良く弾けるようになる練習方法が瞬時に思いつくのです。指が健康なときにはなかった能力です。僕は、ずっと演奏活動ができるピアノの先生になりたかったので、今後も教育には力を入れていきたいと思っています。

今では指がどんな状態でも、ある程度は楽に弾けるようになる常識外れの練習方法も確立できましたし、解決不可能だと思われる問題にも必ず出口はあることに気づきました。よく、「大人になってからピアノを始めても、弾けるようになるのでしょうか？」と聞かれることがありますが、僕はその方法も編み出しました。

何事もあきらめずに、前向きに頑張っていれば、必ず後にはいい結果がついてくると思っています。根底にある、「人と違っていてもよい」という確信が自信につながっていると思います。自分の個性はユニークでいいのです。そして、「絶対にあきらめたらアカン！」。僕はそのことをピアノレッスンを通して伝え続けたいと思っています。

ジストニア財団との活動

僕がニューヨーク市長公邸で演説とコンサートをさせていただけたのは、ボニー・ストラウスさんという女性の提案によるものでした。

彼女は、一九七九年に首の引きつりがひどくなり、その五年後にジストニアと診断されたアメリカ人女性です。僕の場合は、ジストニアの症状が指に出ましたが、ボニーの場合は首に痙攣《けいれん》や引きつりを起こす症状が出ました。

四〇年ほど前のことなので、当時はジストニアという名前自体もアメリカでは珍しく、もちろん治療法などもまったくわからない時代でした。

ここで、僕が勇気をもらう話をボニーがしてくれたのです。

当時は自分の首になにが起こっているかわからず、恐怖を覚えていると、彼女の父親が、

「君には選択肢がある。このままじっと誰かが治療法を見つけてくれるのを黙って待つか、それともボニー、君自身が立ち上がって、このジストニアの治療法を見つけるためになにか行動を起こすか……君次第だ」

とおっしゃったそうです。

そして、ボニーは立ち上がり、ジストニアを知ってもらうための数々のイベントを催し、一九九五年についに彼女の父親と一緒に、“The Bachmann-Strauss Dystonia & Parkinson Fundation, Inc”（ジストニア＆パーキンソン財団）を設立しました。

「パーキンソン」がついた理由は、彼女の母親と祖母がパーキンソン病だったことから、ジストニアとパーキンソン病が何か関連しているのではないか？　と思い、この二つの病気のための治療法を見つけるべく、財団を設立し、募金活動（ファンドレイジング）で基

ファンドレイジングコンサートでの演奏／Ben Asen撮影

金を集め、現在も研究費を募り続けています。その額、現時点で三五〇〇〇万ドル以上。日本円で、約三五億円以上。

現在では、米国でジストニア財団の名前と、ボニーの功績はセレブリティの間でも知れ渡り、僕が知っているだけでも、サラ・ジェシカ・パーカーさん、アン・ハサウェイさん、そしてマイケル・J・フォックスさんなどが、ボニーのイベントに参加しています。僕も、ささやかながら、ファンドレイジングパーティーで、ボランティアの演奏をさせていただいています。

前述のマイケル・J・フォックスさんですが、彼自身もパーキンソン病を患い、パーキンソン病財団を設立しています。そして、二〇一五年一月に、正式にボニーの財団とマイケル・J・フォックス財団が融合し、ボニーはマイケルさんと手を組んで募金活動をしています。

ジストニアやパーキンソン病についてもっと知りたい方や、募金活動のサポートにご興味がある方は、ぜひ財団のWebサイトを覗いてみてください。

http://www.dystonia-parkinson.org/

第5章

絶対、前向き!

悟平流、ピンチの抜け方

皆さんは、絶体絶命のピンチのとき、どうやってそのピンチを抜け出しますか？　今から お話しするのは、僕が八方塞《ふさ》がりの状況の中、あり得ない奇跡が起きた体験です。

二〇一五年六月、僕は東京でのデビュー公演をひかえていました。本来なら、時差ボケのことを考えて、本番の一週間前には、日本に帰って来たかったのですが、ニューヨークでの仕事がどうしても忙しく、なんと本番の前日に日本に到着の便しか取れませんでした。しかも、まだまだ知名度も低い僕は、某外資系航空会社で、エコノミーの中でも一番安い、一番後ろの座席で、背もたれがリクライニングできない席を買いました。

ニューヨークのＪＦケネディ空港で飛行機に乗り、離陸するのを待っていましたが、一向に飛行機が飛ばない。離陸予定時刻を一時間ほど過ぎた頃、機内アナウンスが流れて、「大変申し訳ございません。飛行機の計器が故障したので、全員降りてください」とのこと。

僕は、内心とても焦っていました。なぜなら、テキサス州のダラス空港で、成田空港行きに乗り換えないといけないからです。

「クソ〜！　マジかよ。ツイてないなあ……」と思いながら、降りる準備をし、順にファーストクラス、ビジネスクラス、プレミアムエコノミー、エコノミー、そして一番後ろの席の僕が降りました。

僕が飛行機を降りた頃には、予約カウンターには長蛇の列ができており、僕はその列の一番後ろに立っていました。「うわっ！　クソ〜。マジで最悪……ツイてないなあ〜……」と思いましたが、最悪の場合、コンサートの当日の朝に日本に到着していれば、夜のコンサートには間に合うだろうと、考えていました。

しかし、スマホで飛行機の空席状況を調べたら、その日の便は全て満席。翌日も満席。まとめて空席があったのは、三日後でした。コンサートは、日本時間で、二日後。間に合いません。

東京のプロデューサーに電話をし、「どうしよう！　飛行機が壊れて、飛ばないんです。しかも空席がなくて、今日も明日も飛べない。コンサートをリスケできますか？」

僕は、泣きたい気持ちでそう言いました。

すると、プロデューサーが一言、「悟平君、なんとしてでも帰って来てくれ……」

僕は、いったん電話を切って、「一万一千キロもあるのに、泳げないし!? どうやって帰るんだよ……」と、胃が下がる思いでした。


こういった、自分の力ではどうにもこうにもコントロールできないときの「対処法その(1)悟平流」というものがあるんです。

こういうとき、僕は口の中で「Everything is going to be alright. I'm lucky. Everything is going to be alright. I'm lucky.」(全てはきっと上手く行くさ。僕はラッキーだから)と、何度も何度もブツブツと唱えるんです。一〇〇回くらい!

そうすると、僕のような単純な人間には、不思議な現象が起きてきます。

それまでは、「ツイてないな。何で故障すんだよ〜。コンサートキャンセルしたら、みんなに迷惑かけるじゃん。あ! ギャラ入ってこないや。来月の家賃どうしよ!」などと、ネガティブなことばかり頭をよぎりましたが、一〇〇回も「自分がラッキーだ!」って唱えていると、だんだんとラッキーなような気分になってくるんです。

そして、「あ！　やっぱり僕ラッキーだ。だって、飛行機が地上で故障してるのが見つかったってことは、命拾いしたわけじゃん！」という思考回路に変わっていきます。これを、陽転思考と呼ぶそうです。

「命拾いして、ラッキーだ！」と思っていると、目の前で係の方が、大きなアメリカ人のおじさんに「バカやろ！　飛行機が故障だと？　金返しやがれ！」と罵倒されていました。最初は、「気の毒だな。あの人が悪いわけじゃないのに」と思って見ていたのですが、「ちょっと待って。ああやって係の方々がいて、安全を点検して、守ってくれているから、僕たちが安全なんだよな……」そうしていくうちに、「ということは、あの人は、命の恩人じゃん！」と思い始めました。

そう思い始めると、僕は日本人として、キチンとお礼を言わなきゃいけない気持ちになってきました。そして、いてもたってもいられず、そのピリピリした空気の二人の所まで行って、「あなたは、僕の命の恩人です！　有難うございます！」と笑顔で係の方に言ったのです。最初は、僕が頭がおかしい人だと思われたみたいで、完全に無視されました。

でも、「あなたたちがいるから、僕たちがこうして安全なんだよね。有難うね！」と、もう一度お礼を言いました。

すると、やっとこっちを向いてくれたのです。そして今まで凍りついていた雰囲気だったのに、急に優しい笑顔で「そう言ってくれて、有難う！」と、逆にお礼を言われました。飛行機は壊れるし、コンサートはキャンセルになるかもしれないし、僕自身は落ち込んでいましたが、その人が笑顔でお礼を言ってくれて、少しだけ心が救われる思いでした。

そうこうしているうちに、飛行機の故障が直ったらしく、再搭乗ということになりましたが、そのとき、何と、その係の人が一番最初に僕を飛行機に乗せてくれたのです。

でも、相変わらず一番後ろの悪い席のままで、「世の中そんなに甘くない」ってことを思いました。

その際に、CAさんに「実は、ダラス空港で東京行きに乗り換えるんだけど、間に合うかな？」と聞くと「ごめんなさい。きっと無理だと思うわ。なぜならこの飛行機が着陸してから、二〇分後には東京行きは出発するのよ。ダラス空港はモノレールで移動だし、セキュリティは通らないといけないし、無理だと思う。ごめんなさいね」と言われました。

僕は、「ああ、僕もここまでか」と思い、腹をくくりました。

こういうピンチのときの「対処法その⑵悟平流」っていうのがあるんです。

一般的に、「人事を尽くして、天命を待つ」という言葉がありますが、悟平流には、「人事を尽くしたら（やるだけやったら）、酒を飲んで寝る！」という方法があります。

僕は、ドキドキしながらダラスまで飛びたくなかったので、ワインを注文し、グイッと飲んでそのまま寝ました。


ダラス空港に着陸する直前に、一人のＣＡさんが、寝ている僕の肩をたたき、こう言いました。

「アナタ、聞いたわよ。東京行きに乗り換えなんですってね」僕は、「そうなんだ。だけど二〇分しかないから、間に合わないでしょ？」と言うと「そうね。きっと間に合わないわね」

この人、何しに来たんだろ？　と一瞬思いましたが、この後、彼女がこう言いました。

「きっと間に合わないと思うけど、二〇分あるってことは、確率はゼロじゃないわよね」

しばしの沈黙……。

そして、じっと僕の目を見て、

「アナタ……挑戦する!?」

僕は、「是非!!」と答えました。

すると、彼女、

「前の方の席が一つだけ空いてるの。アナタ、そこに荷物を持った状態で座るといいわ。私たちがアナタにできることはただ一つ。アナタを安全に、この飛行機から最初に降ろすこと。あとは幸運を祈るわ!」

僕はこのとき、「抱かれてもいい!」と思いました。それくらい、その気持ちが嬉しかったんです。そして、荷物を持って前の席へ移動したのですが、

「ちょっと待って。さっきネットで調べたら、この飛行機は満席なはずだよ。なんで一つだけ空いてるの?」と僕。

すると、彼女。

「本来は満席だったんだけど、ニューヨークのケネディ空港で、怒り狂っていた男性が、別室まで文句を言いに行ってる間に乗り遅れたのよ」

「あの、怒鳴ってたおじさん、乗り遅れたんだ」と思うと、思わず笑ってしまいました。

でも、その男性のお陰で僕は前の席に座れたので、感謝しました。


飛行機が着陸するやいなや、ＣＡの皆さんが一致団結してくださり、一番最初に僕を飛行機から降ろしてくれました。

ドアを開けるなり「走れー!!」と言われ、「有難うー!!」と言って勢いよく出たはいいのですが、ダラス空港が広くて、一番先頭だった僕は、どっちに走っていいのかわからず、一瞬迷いましたが、とにかくモノレールを目指して走りました。


モノレールに到着したのが、離陸する一五分前。

「ダメだ！　一五分しかない！」と焦りました。生きた心地がしませんでした。

だけど、「悟平、ダメダメ！　一五分しかない、じゃなくて、まだ一五分ある！」と思い直し、「僕はラッキーだ。きっと上手く行く！」とブツブツ唱えながら、モノレールを待っていると、本当にラッキーなことに、休憩中の空港警察官がそこにいたんです。

僕は、彼に駆け寄り、

「すみません。僕はピアニストなんですが、今、飛行機が遅れて到着して、乗り換えに間に合わないと、東京のコンサートをキャンセルしないといけないんです！　助けてください!!」とすがりました。

すると、偶然にも彼は趣味でバイオリンを演奏する人で、「コンサートなんてキャンセルしちゃダメだよ！」と言って、親身になって心配してくれたのです。そして、「君の名前とフライト番号は!?」と聞かれ、名前と番号を伝えると、彼はトランシーバーを持って、「彼はここにいる。俺が連れて行くから、飛行機を止めておいてくれ！」と言って飛行機をホールドし、「パトカーに乗るんだ！」と、僕を空港パトカーに乗せてくれて、結局七分で飛行機に到着しました。

飛行機のドアは半分閉まっていて、ＣＡさんが手で招きながら、「カモン！　早く乗って!!」と叫んでいました。僕は、汗だくになって、飛行機に飛び乗りました。チケットを貰って、自分の席に行ったら、そこに知らない男性が座っていました。他の席は満席です。

その男性と座席表を比べてみたら、なんと同じ座席番号。

確認するために、ＣＡさんに聞きに行くと「ごめんなさい！　やっちゃったわ！」と言って「そう言えば、アナタが時間通りに来なかったし、最終搭乗のお知らせで、何度もアナタの名前をアナウンスしたけど、来なかったからキャンセルしたと思って、ウエイティングリストに載ってた人を、優先してしまったの。彼は、もう着席してシートベルトをつけているから、降ろすわけにはいかないの。申し訳ないですが、飛行機から降りてもらえますか？」と言われました。

僕は、悔しくて泣きそうでした。

「あれだけ頑張ったのに……」

辺りを見渡してもやはり満席だったので、仕方なく飛行機を降りようとしたとき、「待ってー！　一席だけ空いてたわ！」と言われ、振り向くと、

「ファーストクラスが空いてます。Welcome on board! ご搭乗有難うございます。ようこそファーストクラスへ！」

と言われ、シャンパンを渡されて、僕は無事に飛行機に乗れただけでなく、ファーストクラスで東京へ向かうことができました。

そしてこう言われました。

「アナタってラッキーね！」

今、思い返すと、あの八方塞がりの状況で、僕がやったことは、ウソでもいいから、「すべて上手く行くさ。僕はラッキーだ」と言い聞かせて、自分の機嫌を良くしたこと。

そして、そのことによって、自分が命拾いしたと思い、怒鳴り散らされていた係の人に「有難う！」と言ったこと。

あのとき、もし僕が「有難う」と言っていなければ、僕は一番後ろの席で、ワインを飲んで寝ていただけだったと思います。

あの係の方が、乗組員に僕が東京行きに乗り換えることを伝えてくれて、前の席に移動して、一番最初に降ろしてもらい、空港警察に出会うことができ、間に合いました。

東京でのデビューリサイタルが、この話で盛り上がったことは、今でも懐かしく思い出します。

隣人の話

憧れだったウェストビレッジのマンションへ引っ越して間もない頃、ピアノ専門店「Beethoven Piano」さんが、スタインウェイ社のグランドピアノを、一台提供してくださることになったのです（深謝‼）。

念願だったグランドピアノがウチのマンションに入ったことで、有頂天でピアノを弾いていたら、玄関のドアを「ダンダンダンッ‼」と、激しくノックされ、「ピアノの音がうるさい‼」と男性の怒鳴り声が聞こえました。

僕は「えーーーーーっ‼　まだピアノが入ったばっかりなのに、もうクレームがきたじゃん‼」と、胃が下がるような気持ちになりました。

しかも、相手はアメリカ人。まともに英語で勝負したら負けるなあ～。どうしよう…（汗）。

そこでとっさに僕が思ったことは、かなり高級な服を着て大金持ちに見せて威嚇するか、もしくは、スッポンポンになって玄関に出て威嚇するか……。

そんな高級な服は持っていないし、結局、意を決して、真っ裸で出ることにしました。ドアを開けると、思った通り相手が一瞬ひるみました。そこでこちらの方から、

「今、練習してて忙しいんだけど、何の用？」って聞きました。

「俺は、すぐ隣の部屋の者だ。寝室の壁のすぐ向こうでお前のピアノが鳴ってるから、うるさくて仕方がない！」と怒って文句を言ってきました。これが隣人ボビーとの出会い。実は、ボビーは近所でも有名なクレーマーだったのです。


僕は、確かに隣の部屋が寝室だったら、うるさいとは思いましたが、そのときはまだ夕方五時頃でした。でも、ここでこじらせたくなかったので、こう言いました。

「じゃあ、僕を助けてください。お願いします」と言ったら、「はあ？　助ける？　何を助けるんだ？」と聞くので「中に入って相談にのってもらえますか？　良かったらワインでも飲みますか？」と言うと、「ワインか……いいなあ。だけどお前、せめてパンツぐらいはいてくれよ」と言われ、パンツをはいて、ボビーを家の中に招待しました。

そして、日本でのコンサートのことや、その年の年末にカーネギーホールで演奏することなどを話しました。するとボビーが、じっと僕の話を聞いてくれたのです。

僕は、「隣近所に迷惑をかけたくない。だけど練習しないと、ツアーに行けなくなってしまう。だからどうすれば、皆に迷惑をかけずに練習を続けられるか、一緒に考えて欲しい」と訴えました。

するとボビーが、「そうだったのか……そういうことなら、お前は一日中練習するべきだ」と言ってくれたのです。

「へ⁉」

僕は、彼の理解度の高さに拍子抜けしてしまいました。でも、ここは交渉する絶好の機会だったので、「じゃあ、夜は八時までには終わるよ」と言ったら、「いや、九時までは大丈夫だ」と彼は言うので「じゃあ、中間を取って八時半までって決めるよ」と約束し、お礼にアラジンの『ホールニューワールド』を演奏しました。

すると、ボビーは笑顔で拍手をくれて、「今から俺の彼女を呼びに行っていいか？　彼女にお前の演奏を聴かせてあげたいんだ」と聞かれ、「もちろん！」と言うと、「おい、ちゃんと服を着ておいてくれよ！」と言われ、そこで服を着ました。

数分後、彼女のシェイがウチに来てコンサートが始まりました。


それ以来、すれ違う度に「練習させてくれて、ありがとう！」とボビーに言うと、「いやいや、練習してくれてありがとう。俺の心が癒されるんだ」と言ってくれました。

あるとき、必死で練習していたら、またドアがドンドンドン‼と鳴ったので、「あちゃ！さすがに今日は、一日中弾きまくっているから、クレームかな⁉」と、ドキドキしながらドアを開けると、満面の笑顔のボビーが立っていて、「ごめんな！　今弾いてる曲が、すごく綺麗で、それをどうしても伝えたかったんだ！　じゃあな。邪魔してごめんよ！」


ボビーは、会う度に「ピアノの音に癒されてる、有難う」と言ってくれました。

あるときは、ドアの取っ手にシャンパンボトルを、「Enjoy it!」（楽しんで！）とメッセージをつけて掛けてくれている日もありました。

元々は、騒音のクレームから始まった出来事でしたが、ボビーとの出会いは、僕のニューヨーク生活を、とても豊かにしてくれました。

泥棒の話

二〇一六年一月のマイナス一七度という極寒の夜、ものすごい出会いがありました！

いつものように、夜の一〇時ごろ自宅のマンションでのんびりしていたら、玄関のドアがバッとあいて、二人組の強盗が入って来たのです。一人はガッチリした、僕より少し年上の黒人。もう一人は、細身で背の高い、年は僕より若いラテン系の男。

僕は、そのときソーホーという地域に住んでいたのですが、マンションの最上階ということもあり、平和ボケしていてドアの鍵をかけていなかったんです。

アセった!!‼　マジで、アセった……。

黒人の男は、透明の液体の入った注射器を持っていて、それを僕に突きつけてきて、ホールドアップ。その間に、ラテン系の男が、iPadやカードなどを次々と盗っていきました。

恐怖に震えていたのですが、しばらくすると恐怖心が好奇心に変わってきたのです。

というのは、元々教師になりたかった僕は、その昔、教育心理学や幼児教育などに興味があり、まがりなりにも勉強していた時期がありました。

なので、「どういう幼少時代を過ごせば、こんなふうに人の物を平気で盗めるような人格形成や精神構造になっていくんだろう……？」と、急に興味が湧いてきました。

けれど、こんな緊迫した状況で、そんなこと聞けないし、怖いし、どうしようもない状態だったのですが、ついに口から「Excuse me. May I speak?」（すみません、ちょっと喋っていいですか？）と、出てしまいました。

すると、ラテン系の男が、「Shut the fuck up!!」（うるせえ！　黙れ!!）と僕に怒鳴りました。が、僕はすぐに超早口で、「I'm sorry! I was just wondering what made you have to do this, and kind of childhood you had to go through. That's it!」（ごめんなさい！　なぜこんなことしなければいけないのか、そしてどんな幼少時代を過ごさなければならなかったか、気になっただけです！）と言いました。

すると、今まで盗みを働いていたラテン系の男がピタっと動きを止めてこう言いました。

「お前にあのクソみたいな痛みがわかるか……？　俺の父さんは、俺が四歳のときから性的虐待をしてきたんだ。母さんは麻薬中毒者で、母さんに麻薬をあげたときだけ、俺を愛してるよって言ってくれた。

だけど両親とも俺を捨てて出て行って、俺はホームレスになったんだ。お前に、親に捨てられた痛みがわかるか！」

僕は、四歳のピアノの生徒を教えていた経験もあって、幼少期にそんな酷い経験をしていた泥棒さんに、ひどく同情して涙が止まらなくなりました。

そして「ウチには、大した物は何もないけど、何でも好きな物を持って行っていいよ！」と言いました。

すると彼は、大型テレビも盗ろうとしたのですが、その彼の後ろ姿が哀愁をおびていて、どうしても抱きしめたくなりました。

「すみません、あなたにハグ（抱擁）してもいいですか？」と言うと
「うるせえ！　俺に近づくんじゃねえ！　俺は今、センシティブ（繊細）な気分になってるんだ……」

と言って、体を震わせており、

「ヤバい！　逆上させちゃったかも」と、一瞬恐怖を感じました。

すると、注射器を持っている黒人がこう言いました。

「おい！　お前、日本人か？」

僕が、そうだと答えると、

「お前ら日本人はな、他人に対するリスペクトが強くて、優しい文化だから好きだ」と言ってくれました。


恐怖にかられていた僕は、拍子抜けすると同時に、嬉しくなって何度もお礼を言いました。そしてたとえ相手が強盗だったとしても、ニューヨークのマンハッタンのど真ん中で、日本の文化を褒められた以上、「和のおもてなし」の心で迎えなければ、そして「お茶のひとつでも出さなきゃ」と思い始めました。

ちょうどウチに美味しい緑茶があったので、

「日本から送ってもらった美味しいお茶があるけど、飲んでみますか？」

と聞くと、二人が顔を合わせて「おう。飲む」と言いました。

ここで初めて僕は解放されました。

ヤカンに手をかけると、ヤカンがカタカタと音を立てました。なんと僕は、腕ごと恐怖で震えていたのです。自分がそんなに震えていることも気がつかないほど、極限状態だったのかもしれません。

そんな中、和菓子とお茶をお出しして、僕たちは夜が明けるまでお話ししました。

ピアノの部屋に、カーネギーホールの小ホール（ウェイルリサイタルホール）で演奏したときのポスターが貼ってあり、それを見た黒人の方が

「お前、カーネギーホールで弾いたのか⁉　スゲーな‼」と言ってきたんです。

「有難う。だけどカーネギーホールは、大ホールは世界的に有名だけど、小ホールはそこまですごくないんだよ」と言うと、

「小ホールってなんだ？　俺、コンサートホールってやつに、行ったことねえんだ」

僕は「え？　一度もないの？」と聞くと「一度もないんだ」と答えました。

そんな話をしていると、横にいたラテン系の男が
「俺、実は今日が誕生日なんだ」と言い始め、ここで僕は最高におもてなしの心でお祝いをしてあげたいと思い、時計を見たら既に明け方四時だったのですが、ピアノで思いっきり『ハッピーバースデー』を弾いてあげました。

すると、彼が泣きながら
「有難う……人生で初めて、自分の誕生日をピアノで祝ってもらった」と言うので、こちらも泣けてきましたが、それからもジャンジャンとリクエストをされて、結局、明け方の四時から五時までリサイタルをしました。

さすがに五時になってくると、僕も疲れが出てきて、「いつ帰るんだろ……？」と思い始めました。が、しかし、マイナス一七度の極寒の外に、そんな生い立ちの人を、明け方五時に追い出せないと思い、
「良かったら、熱いシャワーを、浴びていきませんか？」とオファーしました。

ウチの当時のマンションは、築一二〇年以上経っており、お風呂場に備え付けられている暖房器の調子が良くなかったのですが、それを泥棒さんたちが見事に修理してくれたんです。しかも、少し歪んでいた窓の枠も、修理してくれました。

挙句に、盗んだ品を全部僕に返してくれました。

マンハッタンのど真ん中で、強盗に遭いつつも、結果的に壊れた部分を全部無料で修理してもらったことに気づきました。

玄関先でお別れする際に、初めて二人とハグをしました。するといきなり黒人の方から「おいっ‼」と急に怒鳴られて、こう注意されました。

「鍵はかけとけよ！」

これは、ネタではなく、本当に言われたんです。

ここで僕は、彼らと二つの約束をしました。

一つ目は、「絶対に警察には通報しないと約束する。だから何か仕事を見つけて欲しい！」

二つ目は、「もし僕が、カーネギーホールの大ホールで演奏できる日がきたら、あなたたちをＶＩＰとしてご招待する。だからお互いに、頑張ろうね」

そして、黒人の方と僕は、携帯の電話番号を交換しました。

それから一年が経った頃、僕の携帯の待ち受け画面に「Am I still invited?」（私は、まだ招待されていますか？）と入っており、差出人を見たら、僕が入れたローマ字で「Dorobou」（ドロボウ）と書いてありました。ドキっとしましたが、

「お元気ですか？　僕は今は日本との往復で忙しくしています」と書きました。

すると、「お前のカーネギーホールの大ホールでの、クリスマスコンサートの案内を見たんだ。おめでとう。俺はまだ招待されてるかい？」と返信がきました。

二〇一六年一二月一九日に、『ハーモニー・フォー・ピース財団』が主催のクリスマスコンサートが、カーネギーホールの大ホールで開催され、僕はそのゲストピアニストでし

た。僕にとって、夢が叶う瞬間でした。

なんと、泥棒がその広告を見ていたのです。

正直、怖くなった僕は、プロデューサーに電話をして、泥棒との一連のことを話しました。すると一言、「ゴヘイ、泥棒との約束を守るべきだ。約束通り、彼らをＶＩＰとして、最も由緒正しい最高の座席・ＢＯＸ席を用意しよう」と言っていただき、泥棒は本当にコンサートに来ました。スーツを着て！

コンサート終了後、黒人の方から「人生で初めて行ったコンサートが、あの伝説のカーネギーホールだった。そして俺たちは、ＶＩＰ席に座っていた。本当に、有難う‼　有難う‼　有難う‼」と、長いお礼のメッセージが送られてきました。

僕も、すごく嬉しかったです。

それから、半年ほど経ったある日、同じく黒人の方から、僕の携帯電話に五枚ほど車を撮った写真が送られてきました。そして最後にメッセージがついていて、

「あれから清掃業の仕事を頑張っているんだ。貯金して、中古車だけど車を買ったから、お前に見せたかったんだ。もちろん、Made in Japan（日本製）だぜ！」と書かれていました。

時が経ち、二〇二〇年アメリカで、白人の警察官に無罪の黒人青年が殺されてしまうという事件がありました。それが引き金となり、世界中で暴動が起きました。「Black Lives Matter」です。

その頃、新橋のウィークリーマンションに滞在していた僕は、その暴動をテレビのニュースで知ります。テレビでニュースを見ていたら、マンハッタンの自分のマンションの周辺が映っており、暴動によりパトカーが炎上していたり、商店のガラスが割られたりしているのを見て、悲しみと驚きで動けなくなったことがありました。

その日の夜、携帯に「Are you well? Are you safe?」（お前、元気か？　お前、安全か？）とメッセージが入りました。

四年ぶりの、あの泥棒の黒人の方からのメッセージでした。

ホームレスのおっちゃん

ニューヨークでの話。

ある日、朝からとても楽しいことが起こりました。

いつものように寝ぼけた顔で、通勤路であるマンハッタンのグランドセントラル駅に向かって歩いていたら、

「Hi friend!!!!　Hi friend!!!!」

と叫ぶ声が聞こえてきました（「Hi friend」は、名前は知らないけど、親しい気分の顔見知りを呼ぶときに使います）。

まさか自分を呼んでいるとは思いませんでしたが、あまりに大きな声なので振り向きました。すると、自転車に乗ったおじさんが僕に向かってニコニコして手を大きく振っています。

僕が「？？？？？　なんや、このおっさん？」と思ってぽかんとしていると、彼は、

「以前は布団をありがとう！　ほんとうに助かったんだよおお」

と言いました。そのときに、彼が誰だかを思い出したのです。


ある晩、家の近くでホームレスが強烈な暴風の中、段ボールにくるまって寝ているのを横目に通り過ぎ、家に着きました。寝るときになって、あまりの風のはげしさに、そのホームレスがどうしても気になって眠れませんでした。

「僕には家があるから、羽毛布団はなくてもいいかな。でも、この羽毛布団は日本で買った、いいものだしなあ。送料込みで一〇万円はしたな……」

悩んだ結果、羽毛ふとんを彼に届けてしまいました。清水の舞台から飛び降りる感じで……。おじさんは、びっくりしていました。喜んで握手を求めてきましたが、とにかく寒いので、僕は急いで家の中に入ったのです。

その人が、なんと僕のことを覚えていて、声をかけてきたのです。

「あのとき俺は、誰を信じることもできず、人生に絶望して、何もする気が起きなかった。

でも、人から親切にされて、人生に光が見えてきた。ちゃんと働いて、人生やり直そうと思ったんだ」

それからおじさんは、仕事を見つけ、まじめに働いて、楽しい毎日を送っているみたいでした。何度も、何度も、何度も、「Thank you」を繰り返していました。周りの人が見ていて、恥ずかしかったのですが、とてもうれしかったです。

あの羽毛布団をあげてしまったあとになって、返してほしくなって夢に見たこともありました。しかし、このように僕のことを覚えていてくれていたことと、そのホームレスが仕事をしていたことが、見返りとして戻ってきてハッピーになれました。

偶然の一致

何年か前に、ようやくグリーンカード（永住権）が取れました。

そこで、単なる偶然かもしれないのですが、説明がつかない話があります。

イタリアの大聖堂で演奏したとき、聴衆の一人の方から、

「あなたが演奏している間、金髪の青年がずっと横にいた。彼は天使ね。おめでとう」

と言われました。突然のことだったので、「変なことを言う人やなあ〜」と思い、全然信じていませんでした。


しかしその後、東京のアメリカンクラブで演奏したとき、

「悟平君の演奏中、ずっと金髪のカールの青年が横にいたよ。見守ってるみたいだった」

と言われ、ハッキリ言って、ちょっと気持ち悪い感じがしました。しかし、偶然の一致だろうと思って、あまり気にしていませんでした。


そして、今度はカーネギーホールでのニューヨーク復帰コンサートのあと、

「ゴヘイさんのうしろに、青年がずっといたよ」

と言われ、

「金髪カールの男でしょ？」

と言ったら、

「そう!!　知ってるの？」

それから、大阪府堺市でコンサートをしたとき、友だちのお母さんから、

「悟平の舞台に、クルクル巻き毛の金髪男が立ってた」

と言われました。

さすがに、いくら偶然でも、全然違う国々で、共通点のない人々からまったく同じことを言われて奇妙に感じながらも、「ま、いるんだ、そういう男が僕の横に」くらいに思っていました。

そんなある日、コズモ先生になにげなくその話をしたら、

「この写真を見て、驚くなよ、ゴヘイ」

と、言われて見せられた写真が、金髪の巻き毛の美青年でした。幼き日のブラッドショー先生の写真でした。しかもブラッドショー先生は、幼少の頃、地元の金髪カールコンテストで優勝していたのです。当時の新聞記事を、コズモ先生が僕に譲ってくれました。

そして、グリーンカードを正式に弁護士に見せたときに気づいたことは、僕のグリーン

カードの発行日が、一〇月三一日。デイヴィッド・ブラッドショー先生の誕生日でした。

指にジストニアをかかえたり、経済難もあり、アメリカに来てから永住権を取るまで一五年もかかりましたが、不思議な金髪カールの青年の出現と、やっと取れた永住権の発行日がブラッドショー先生の誕生日だったことは、偶然だったとしても、ロマンを感じずにはいられないし、改めて不思議な力の存在を感じました。

ブラッドショー先生、本当にありがとう。

偶然の一致　その2

二〇二〇年、新型コロナという未知のウイルスが、全世界を襲いました。これによって、多くのレストランが閉店し、音楽業界も大打撃を受けました。当たり前のように、毎日華やいでいたニューヨークのブロードウェイまでも、長い間クローズになりました。

この年の夏、僕は日本ツアーが終わると、いったんニューヨークの自宅へ帰るはずでした。しかし、帰りたい気持ちとは裏腹に、日本に増してアメリカでは感染者や死亡者が増え続け、ニューヨークの街は都市封鎖（ロックダウン）される事態にまで追い込まれました。僕は、アメリカに帰ることができずにいました。

人々の予想をはるかに超える、長期にわたる感染拡大。更に同じ時期に、白人警官が無罪の黒人の若者を殺してしまう事件も起きて、「Black Lives Matter」と称して各地で暴動が起きました。

そのとき借りていた東京のウィークリーマンションの部屋のテレビに、マンハッタンのウェストビレッジにある僕のマンションの近所が映っていて、火炎瓶が投げられたり、パトカーが炎上していたり、恐ろしい暴動の状況がニュースで報道されていました。

それを見た僕は、気絶しそうなほど驚いて、すぐにニューヨークの当時のルームメイトのデイビッドに電話をすると「ゴヘイ、今は日本にいた方がいい！　ニューヨークは今、大変な状態だ！」と彼も物凄く動揺していました。

しばらくの間、僕はベッドでうなだれていました（ここで、あの泥棒からの「お前、元気か？　お前、安全か？」のメッセージが入ったのです）。

結局、僕はこれを機に、悩みに悩み抜いたあげく、活動拠点を東京に移すことを決意します。そうは言っても、コロナ禍の中、どう動いて良いかもわからず、しばらくは東京の新橋にあるウィークリーマンションに住んでいました。

その年の一二月の年越しが近づいた頃、「そろそろ普通のマンションに暮らしたいなあ」と思い始めます。そこで、僕が何かを達成したいときに必ずやることをしました。

それは、

①願い事をシンプルに箇条書きで書き出すこと
②それを毎日読むこと
③それを明確にイメージすること
④それを口に出して言いふらすこと　です。

僕は、スマホのメモに以下のことを書きました。

●東京都内、山手線沿線で、家賃ＸＸＸ円くらいで、二四時間完全防音のマンションが見つかる。
●徒歩圏内で、スーパーマーケットがある。
●グランドピアノが手に入る。
以上です。

これを、生粋の東京出身の知人に話すと「そんな夢みたいな物件、あるわけないだろ！」と、笑いながら言われました。


年が明けて新年早々、雑誌の取材がありました。取材が終わり、お腹が空いてきたので、マネージャーに「近所でご飯、行かない？」と聞いたのですが、「ごめんなさい！　このあと、編集の仕事があるんです！」とのこと。

「仕方ない、一人で食べるかぁ。そう言えば、この近くにベヒシュタイン社が経営するレストランバー兼ショールーム、『ベヒシュタインカフェ』があったな」と一人寂しくつぶやいていました。

ベヒシュタインとは、世界三大ピアノ会社の一つで、スタインウェイ、ベーゼンドルファー、そしてベヒシュタイン。一八五三年にドイツで創業した名門中の名門です。

以前から、気になっていたので、ちょうど良い機会だと思って、一人で行くことにしました。

で、お店に予約の電話をかけると、こんな会話が。

「もしもし、今日六時から一人でディナーの予約はできますか？」

「あ、はい！　有難うございます。お客様のお名前とお電話番号を、いただけますか？」

「はい。西川悟平です。携帯番号は、０８０…」

「え⁉　西川悟平さんって、もしかしてピアニストの悟平さんですか？」

「あ！　はい、そうです！」

「えー！　私、実は悟平さんのコンサートには、何度か行ってるんです！」

「マジっすか⁉　有難うございます！」

「もしよろしければ、今ドイツからベヒシュタイン ジャパンの会長が日本に帰って来ているので、おつなぎさせていただいてよろしいでしょうか？」

「そんなことしていただけるんですか⁉　是非よろしくお願いします！」

という具合で、僕はベヒシュタインカフェに向かいました。

お店に着くと、テーブルがズラッと並んでいて、奥には美しいグランドピアノが二台並んで置いてありました。スコッチのロックを一杯頼み、しばらく店主のさつきさんと話をしていると、白髪の紳士がお店に入って来られました。

これが、ベヒシュタイン ジャパンの戸塚会長との出会いでした。ご挨拶をして、しばらく話をしていると、彼が一九八〇年代に、イタリアに日本製のピアノを浸透させた仕掛け人の一人であることがわかりました。

「え？　僕、イタリアで初めてデビューしたのが、アンコーナとトレンティーノという町で、そこで弾いたのが、日本製のピアノでした！」

「おお！　そうかい！　実は、私はアンコーナにもそのピアノを普及するために、行ったことがあるんだよ」

僕は、イタリアのアンコーナという、アドレア海を仰ぐ美しい田舎町の大聖堂に、日本製のピアノがあって、とても感動したことを覚えています。なので、その仕掛け人が、今目の前にいらっしゃると思うと、心が踊りました。

戸塚会長が僕にこう聞きました。

「悟平さんは、どうやってニューヨークへ行くことになったんだい？」

「一九九九年の一月に、ニューヨークからデイビッド・ブラッドショーというピアニストが、日本ツアーで大阪に来た際に、前座で一曲弾かせてもらったのがキッカケで、のちにニューヨークへ行って弟子入りすることになったんです」

「えっ⁉ デイビッド・ブラッドショーって、まさかNew York Music Centerのブラッドショーかい⁉」

「えええ⁉⁉ New York Music Centerって、懐かしい響き！ ブラッドショー先生をご存知なんですか⁉」

ブラッドショー先生は、ニューヨークミュージックセンターという名の学校を作り、レッスンを行ったり、ピアノを通して国際交流をしたり、国内外でコンサートを開催したりしていたのです。しかし、先生が亡くなってからは、その学校も無くなり、戸塚会長からその名を聞いたときは、後ろにひっくり返るほど驚きました。

するとさっきまでニコニコとしていた戸塚会長の優しい目が、急に涙ぐんできて、

「惜しいピアニストを、亡くしたもんだ。僕は、彼が若い頃、大活躍していた時期から知っているんだ。仕事を一緒にしたこともある」

僕は、あまりの世界の狭さと、すごいご縁に衝撃を受け、呆然と戸塚会長を眺めていました。

「じゃあ、君がブラッドショーの最後の弟子と言われていた日本人かい？」

「そうです。ニューヨークでは、ブラッドショー先生の最後の弟子と呼ばれていました」

「…………」

二人とも、しばしの沈黙の後、戸塚会長がこう言いました。

「ベヒシュタイン社が、君に何ができるだろう？」

「え!?　あ……僕、遂に日本に永久帰国を決めまして、今グランドピアノを探しているん

ですが、御社のピアノで一番小さなサイズですと、どれくらいしますか？」

「二〇二〇年製の新しいモデルなら五五〇万円だったはずだが」

「ご、ごひゃくごじゅうまん……！」

　コロナ禍でほとんどのコンサートが中止になり、仕事が激減した僕にとって、先行きも見えない中、どう考えても払える値段ではありませんでした。

「ああ、いつか、しっかり稼げるようになったら、是非購入させていただきたく思います！」


　次の瞬間、自分の耳を疑った。

「持っていけばいいよ。一台持っていきなさい」

「はぁっ⁉　持っていくって、どこにですか？」

「君は、今どこに住んでいるんだい？」

「都内のウィークリーマンションを、借りています」

「ウィークリーマンションじゃあ、グランドピアノを置くのは難しいだろう。防音のマンションも探す必要があるな。ちょっと確認するから、数日待てるかい？」

　僕は、キツネにつままれたような気分でしたが、この有難いオファーを、心から感謝しつつ受けさせていただくことにしました。胸のドキドキが、止まりませんでした。

二週間ほど経ったある日、戸塚会長からメールをいただきました。

「知り合いの不動産屋に聞いたら、ちょうど、もうすぐ一つマンションが空くそうなんだ。都内、山手線沿線で、家賃がＸＸＸ円で、二四時間完全防音で二ＬＤＫ。どうしますか？」

まさに僕の希望通りのマンションだ！　と思い即決しました。すぐに内見させていただき、歩いて二分の所にスーパーマーケットを見つけたときは、また唖然としました。

「こんなこと、ある⁉⁉」という驚きです。

お陰様で審査も通り、めでたく翌月の二月二五日から引っ越しができることになりました。不思議なことに、ベッドよりも、冷蔵庫よりも、洗濯機よりも、何よりも最初に届いたのが、ベヒシュタイン社のグランドピアノでした。

年末に箇条書きにしたことが、すべて叶った瞬間でした。

そして、ふとこんなことを想いました。一九九九年にニューヨークへ行ったとき、ずっとブラッドショー先生のピアノで練習してたな……。

ご縁とサポートに感謝。自宅のリビングに入った、べヒシュタイン社のピアノの前で

二〇年後、日本に永久帰国が決まり、東京を拠点にすると決めたとき、僕に必要なマンションやピアノを、用意してくださったのもまた、ブラッドショー先生のご縁でした。

この偶然の一致に、しばらく涙が止まりませんでした。

ご縁をつないでくださった、さつきさんとブラッドショー先生、そして温かく僕をサポートしてくださった、戸塚会長に心から感謝すると共に、運命的な出会いを感じずにはいられません。

ここで、せめてもの宣伝！

皆さん、ベヒシュタイン社のピアノ、音が澄んでいて、とっても美しいのでお勧めいたします！

小学校の先生との約束

二〇一七年、僕はパナソニックの企業コマーシャルに出演させていただきました。この撮影の裏話を、ここでお話ししたいと思います。時は、一九八五年までさかのぼります。

当時、小学五年生だった僕は、「のび太くん」と言われるほど、ボケ～とした子供でした。そんな僕でしたが、映画に対する情熱は、人一倍ありました。その年、『バックトゥザフューチャー』や『ゴーストバスターズ』といったハリウッド映画が日本で大旋風を巻き起こしていて、僕は目を輝かせながら何度もビデオで観たのを覚えています。

ある日、音楽室でリコーダーを吹く授業中、楽譜が読めなかった僕は、ボケ～と窓の外を見ながら、リコーダーを吹かずに、映画のことを考えていました。

するとそのとき担任だった大西先生が、（大阪弁で）「西川くん、なにボケっとしてるねん。ちゃんとリコーダーを吹きなさい」と野太い響く声で注意をされたんです。

僕は先生に（大阪弁で）、「先生、僕な！　いつか『バックトゥザフューチャー』のマイケル・J・フォックスと友達になるねん。ほんでな（それでね）、『ゴーストバスターズ』みたいなマンションに住むねん！」と言いました。

すると先生は、「なにが『ゴーストバスターズ』やねん！　夢から目を覚ましなさい！　今は授業中や、立っとれ！」と怒られて、リコーダーを持ったまま、音楽室の窓辺に立たされて、泣いていました。


授業が終わると、先生が僕のところに来て、

「西川くん。さっきは夢から目を覚ませ、って言うたけどな、それは授業中やからやで。夢は持っとらなあかん。君、根性出してその夢叶えるんやで！」

「夢叶うかなぁ？」

「根性もって頑張っとったら、いつか叶うわ！」

「わかった！　先生、ぼく頑張るわ！」

それから三二年が経ちました。

パナソニックのコマーシャルを撮影するために、ニューヨークから東京へ向かう飛行機の中で、一四時間も飛行時間があるので、機内エンターテインメントにある、いくつかの映画を観ていたら、ちょうど『バックトゥザフューチャー』と『ゴーストバスターズ』が並んであったのです。

「うわぁ〜、久しぶりだなあ〜！」と思って、二〇年ぶりくらいに、まず『バックトゥザフューチャー』を再生しました。そして、一番最初に主人公のマイケル・J・フォックスが出て来るシーンで、自分で自分のリアクションに驚きました。

「あ！　マイケルが映画出てる。しかも若いし、元気だ！」その一秒後「いやいや、当たり前じゃん、だってマイケル・J・フォックスなんだもん」

実は、僕はその少し前に、マンハッタンにあるピエールホテルで開かれた、『マイケル・J・フォックス財団』の財団設立記念パーティーにゲストでご招待していただいており、マイケルさんとは、テーブルがお隣りだったのです。現在僕は、マイケルの財団のメンバーなのです。そこには、当時のニューヨーク市長のマイケル・ブルームバーグさんや、そうそうたるセレブが四四〇名も来られていました。

ですから、「つい最近もパーティーでご一緒させていただき、お食事を並んで食べたおじさんが、若いときに映画に出ていて、しかも元気いっぱいだったんだ！」と逆に錯覚してしまったのです（現在マイケルさんは、パーキンソン病と戦っています）。

本当に不思議な感覚でした！

その次に、『ゴーストバスターズ2』を観ていたら、マンハッタンのウェストビレッジにある、ワシントンスクエアパークの入り口から、大きなゴーストが出てくるシーンがあり、その横に映っているマンションが、まさにその当時、僕が住んでいたマンションでした。

「あー!! ウチだーっ!!」と思うと、心臓の鼓動が激しくなって、めちゃくちゃ興奮しました。次の瞬間、「頑張っとったら、夢叶うよ」と言われた小学五年生のときの音楽室の風景にタイムスリップしました。

今、僕は子供の頃に描いた夢の中に住んでいることを、これらの映画が教えてくれました。「あの頃は、スクリーンの向こう側だった世界に、今、自分は住んでいるんだ」と思うと、言葉では言い表せないような不思議な気分に浸りました。

東京に着き、コマーシャルの撮影チームの方々にその話をしたら、「その小学校の音楽室で撮った映像を、コマーシャルの一シーンにしよう！」という話になりました。

そして、なんと本当にあの音楽室の窓辺で、コマーシャルの一シーンを撮影しました。

もし僕が、『バックトゥザフューチャー』のように、過去や未来に旅行ができるなら、教室でリコーダーを持って泣いている一〇歳の少年に、「三二年後、君の夢がニューヨークで叶って、まさにこの場所でコマーシャルの撮影をすることになるよ！」って、言ってあげたいです。

余談ですが、大西先生とは、彼が亡くなる直前まで文通していました。ニューヨークのデビューを、誰よりも喜んでくれて、叱咤激励の分厚いお手紙を何度もいただきました。

数年前、日本に一時帰国した際、先生に電話を入れると、奥様が出られて、悲報を伺いました。

最後に奥様が、「西川さん……って、もしかして、ニューヨークへ行かれた方ですか？」

「はい……そうです」

「主人が自慢げに、教え子がニューヨークで頑張ってるんやって、最後まで話してました」

それを聞いて、涙が止まりませんでした。

大西正美先生との出会いは、僕に「夢は見るだけでなく、叶えるものだ」と教えてくれました。今の僕を形成するためには、欠かせない出会いでした。

「先生、有難う！」

亡きアメリカ人青年との出会い

このお話は、アメリカのテレビのニュース番組で、「時間と空間を超越した国際的な友情によって、アメリカ人青年の夢が死後に叶う、悲しくも美しいストーリー」として、二回にわたって紹介されました。

アメリカの中西部に、ミズーリ州セントルイスという町があります。ニューヨークから約一千四百キロ、飛行機で約三時間ほどの距離です。

この町にリアム・ピッカー君という、ピアノ演奏や作曲にとても才能豊かな青年が住んでいました。

彼は、日本の映画やドラマが大好きだったらしく、夢はいつか日本に行って英語を教えながら、日本人の友達をたくさん作ることだったそうです。なので、日本語も頑張って勉強していたそうです。

そんな彼に、容赦なく重度のうつ病が襲います。長い期間病院にも通い、治りたい思いで必死に治療を続けていたそうです。ある日、ソファに座るお母様のリサ・ピッカーさんのひざの上に頭を乗せて、「ママ、僕は治る日がくるのかな？　早く、回復したいよ」と言っていたそうです。

そして、その数日後、彼は一八歳という若さで、首をつって自死してしまいます。

『ウィンター』（冬）という、美しいピアノ曲を最期に書き残して。

当時、僕はフィラデルフィアとニューヨークを拠点に『ハーモニー・フォー・ピース』（平和の為のハーモニー）という財団で平和大使（Peace Messenger）の役目を担っており、アメリカ各地で演奏をしながら、平和を願って国際交流活動をしていました。

そんな中、ハーモニー・フォー・ピース財団を通して、「亡くなった息子が残したピアノ曲を、日本人のあなたに弾いて欲しい」と連絡がきました。お母様のリサさんが、「日本人、ピアニスト、平和」などの言葉をネットで検索して、たどりついたようです。

薄情とか、冷たい人だと思われるかもしれませんが、僕はその連絡をもらったとき、「え⁉ 自殺した人の曲⁉⁉」と、ひるみました。しかも、ご遺族の悲しみを想像するだけで、気分が重過ぎる！「これ、引き受けて良いのかな…」

しかし、ふと考え直しました……。

日本人と一口で言っても、約一億三千万人もいる。僕は、日本で生まれたけれど、日本から約一万一千キロ離れた、地球の裏側のアメリカ大陸の、東海岸に住んでいる。ニューヨーク州だけでも二千万人という人が住んでいて、そこから約一千四百キロも離れた、約六〇〇万人が住んでいるミズーリ州の人から、「この曲を弾いてもらえますか？」などと、頼んでいただける確率は、きっと天文学的な数字だろう。

僕は、この出会いを、「ご縁」と思うことにしました。そして、正直、怖い気持ちや、重いプレッシャーを感じつつも、「この出会いには、きっと意味がある。僕が演奏することで、ご遺族の悲しみが少しでも癒されれば嬉しい」と思い、有難く引き受けさせていただくことにしました。

「いったん引き受けたからには、とことんやるぞ！」と思い、『ウィンター』の楽譜をいただき、しばらくはニューヨークの自宅にこもって練習していましたが、「これじゃダメだ。僕がやっているのは、書かれた音符を、単に弾いているだけだ。もっとリアム君のことを知りたい」という思いが強くなってきました。

（以下、リアム、リサと書きます）

思い立ったら即行動。
お母様のリサに電話をして、セントルイスを訪ねたいと伝えると、「え⁉　ニューヨークから、わざわざ来てくれるの？　ウソでしょ⁉」と、かなり動揺していました。後で伺うと、まさかそこまで僕がするとは、思ってもいなかったようです。
しかし、これは序章にすぎません。

翌週、ニューヨークから飛行機で三時間ほどでセントルイス・ランバート空港に到着。飛行機は満席なのに、僕の横の席だけ空いていて、フライトが快適だったのを覚えています。ご両親のリサとマイケルが、空港に迎えに来てくださることになり、お会いできること自体は楽しみだったのですが、やはりご遺族というと、悲しみの感情が先にあるわけで、複雑な思いだったのを覚えています。

空港に到着して、「あ！　お二人の顔を知らないんだ！」と気づきました。だだっ広いセントルイス・ランバート空港で、ちゃんと二人と会えるか少し不安だった僕は、キョロキョロしながら空港ロビーの角を曲がると、バタン！　と人にぶつかってしまい、「Sorry about that!」（ごめんなさい！）と言うと「Isn't that you, Gohei?」（ちょっと、あなたゴヘイじゃないの？）と言われ、それがリサとマイケルでした！　三人で飛び上がってハグをしたのを、覚えています。

「私たちも、あなたにすぐに会えるか不安だったけど、着くやいなやぶつかるとは思わなかったわ！」と、出会いをとても歓迎してくださいました。そして、迎えに来てくださった車の中で、「もう泣かないと決めてるんだけど、もし泣いてしまったらごめんなさいね」とリサが僕に言いました。僕は「我慢なんかしなくていいよ」と伝えました。

リアムの眠るお墓の前で

まずは、リアムの眠る墓地に連れて行っていただき、彼に挨拶をしました。「リアム。僕を選んでくれて、有難う」と墓石の前で言いました。そして、あらかじめニューヨークのマンションで録音した僕の『ウィンター』の演奏を、お墓の前で何度か、かけました。

そのとき、「Not too fast.」(速すぎないテンポで)と聞こえた気がしたのですが、気のせいだと思っていました。


その後、お家にご招待していただき、リアムのお姉さん、お婆ちゃん、ご親戚の皆さん、更には彼が習っていたピアノの先生など、リアムが生前関わっていた人々とお会いして、いろいろなお話を伺うことができました。

そして、リビングにあったグランドピアノで、『ウィンター』を演奏させていただきました。リアムの死後、そのピアノが鳴ったのはそれが初めてだったそうです。

「リアムが帰って来た」そう言って、皆が目をつむりながら、僕の演奏を聴いてくれました。

ピアノの横の壁に、額縁に入った楽譜の原本が貼ってあり、そこには出だしのテンポ表示が、「Not too fast」と書かれていて、ぞ〜っとしたのを覚えています。僕がいただいた楽譜には書かれていませんでした。

僕はリサに、「お辛いと思いますが、彼の亡くなった部屋に行ってもいいですか？」と聞くと、「もちろんよ。だけど、あの子が亡くなってからは、あの部屋は誰も使ってないのよ」と言いながら、二階の奥にあった彼の寝室に案内してくれました。

部屋は綺麗に掃除されていましたが、まだカーペットには薄く血のあとが残っていました。「ここで壮絶な最期を迎えたんだな……。他に選択肢はなかったのかな……」と、いたたまれない気持ちになりました。

そのままホテルに向かうはずだったのですが、ふと「僕、今晩この部屋で過ごすことはできないか？」と思いました。そしてリサに、「リサ、僕、今晩この部屋に泊まっていい？」と聞くと、「本気で言ってるの？　なぜここに泊まりたいの？　ここはリアム以外、誰も使っていないのよ」と、少し怪訝な顔をして言われました。

「リサ。僕はあなたの息子さんに、この世では決して会うことができません。だけど、彼が最期のときまで暮らしていたこの部屋で、僕も一晩過ごすことで、彼が生前使ったベッドの感触、部屋の空気、机の感触、そういったものを感じて、彼のことをもっと深く思ってみたいんです」

リサの顔が急に和らいで、「そういうことだったのね。息子のことをそこまで思ってくれて、有難う」そう言って静かにベッドを整えてくれました。

一一月のとても寒い日で、その部屋の窓からウィンター（冬）の景色が広がっていました。

「きっとリアムも、まさにここからこの景色を見たんだな」と思いながら、「絶対に彼の曲を美しく仕上げてみせる！」と自分に誓いました。

普通に考えると、僕がやっている行動は、ともすれば人の生活に、土足で入っていくように見えるかもしれません。でも、僕としては、彼の曲を演奏するためには、単に音符を追っているだけでなく、一音一音に魂の響きを込めたいと思っていました。そのためには、二日間しかない短いセントルイスの滞在期間中に、リアムの軌跡を体を張ってたどりたいと思いました。

結局、全然眠れませんでした！

いろいろな感情が混じっていたし、本当は怖かったし、興奮状態だったのかもしれませ

リアムの絵の前で『ウィンター』の楽譜とともに

んが、全然眠れなかった。

けれど、ご家族の皆さんとは、これを機に一気に仲良くなりました。もう、まるで自分の家族のように僕と接してくれました。その日以降、現在まで僕は「Son」（息子）と呼ばれています。

翌日、ニューヨーク行きの飛行機に乗ると、またもや満席だったのに、なぜか僕の隣だけ空いていて、快適でした。

その後、練習を重ね、その年（二〇一六年）の一二月一九日にカーネギーホールの大ホール（アイザック・スターン・オウディトリウム）にて、満席の聴衆に囲まれる中、『ウィンター』を世界初演（ワールドプレミア）として演奏させていただきました。その模様は、米国三大ネットワークの一つNBC局系列で、ドキュメンタリーになり、テレビのニュースで放送されました。

僕の自己満足にしかすぎませんが、世界で一番有名なホールと言われているカーネギーホールの大ホールで、『ウィンター』を演奏できたことにより、この曲の認知度が上がったこと、そしてリアムの死が無駄にならないように、うつ病や自殺問題に対して、一般の方々の意識が少しでも高まったことで、改めて『ウィンター』との出合いに感謝しました。

「僕にもっとできることはあるだろうか？」と、次の課題を考えたときに、「次は日本だ。リアムは、日本に行きたかったのに、叶わなかったんだよな……」と思い、翌年の二〇一七年からは、日本ツアーで全国を回る際、必ず『ウィンター』を演奏しています。彼の音楽と一緒に、日本を演奏旅行しています。

一年も経たない頃、前に書いたパナソニックのコマーシャルに出演させていただく機会があり、その際にCMの中で『ウィンター』を使っていただきました。アメリカでも有名な会社なので、ご両親は大変喜んでくださいました。

演奏後、リアムのお父さんのマイケルとハグ（セントルイスのパウエル・ホールにて）

更にその後、三浦貴大さん主演の映画『栞《しおり》』の音楽を担当させていただく機会があり、その時に『ウィンター』を、その映画のエンドロールで使わせていただきました。

監督の榊原有佑さんのご出身地である、愛知県東海市芸術劇場で行われた初上映会では、セントルイスからリサとマイケルをお招きし、一緒にレッドカーペットを歩きました。彼らにとって、初の来日でした。

この大きくて美しい劇場で、マイケル、リサ、僕と横に並んで、一緒に『栞』を観ていた際、最後のエンドロールで、『ウィンター』の曲が劇場いっぱいに鳴り響いた瞬間、リサが僕の手を握って、「オーマイガー！　オーマイガー!!　息子の曲が！　リアムの曲が!!」

と言って、泣きながら震えていました。

試写会後に行われたインタビューで、リサがこう言いました。

「私の息子は、生前ずっと日本に行きたいと言い続けていました。日本の映画や文化が大好きでした。彼は、この国の土を踏むことはできなかったけれど、彼が大好きだった日本の映画と、音楽となって一体化し、きっと今ごろ天国で微笑んでいると、私は今日ここで確信しました」

このときの映像は、カーネギーホールの世界初演以来の後日談として、アメリカのニュースで報じられました。


『ウィンター』と出合って五年経ちますが、これを書いている現時点（二〇二一年七月）で、四七の都道府県のうちの、三四カ所でコンサートをさせていただき、演奏プログラムの中には、いつも『ウィンター』があります。そして、この曲のおかげで、それまでには無かった出会いや、体験をさせていただいています。

五年前、「僕がこの曲を弾いて、少しでもご遺族の癒しになれれば」などと、思っていました。今考えると、おこがましいかぎりです。

五年経って、今確実に言えることは、この曲に出合って、一番助けられているのは、間違いなく「僕自身」だということです。

リアム・ピッカー君のご冥福を、心からお祈りいたします。

彼の音楽は、僕が死んだ後も、きっと受け継がれていくことでしょう。


余談ですが、二〇一六年の一一月に、リアムの部屋に泊まって、翌日リサやマイケルと空港へ向かう車の中で、リアムの部屋のゴミ箱に空になったペットボトルを捨ててしまったことを思い出したんです。

車の中で、

「リサ、マイケル！　僕はとんでもないことをしてしまった！」

「どうしたの、ゴヘイ!?」

「リアムの部屋のゴミ箱に、ゴミが捨てられていたから、その上に空のペットボトルを捨ててしまったんだ！」

「…………？　それがどうかしたの??　ゴミ箱にゴミを捨てて、何が悪いの？」

「もしかしたら、僕はリアムが生前捨てたゴミ（遺品）の上に、自分のゴミを捨てちゃったかもしれない！　ごめんなさい‼」

そう言うと、リサとマイケルは、顔を見合わせて、急に大声で笑い出した後、すぐに僕をジッと見つめてこう言いました。

「息子のゴミ箱にまで、気を使ってくれて、有難うね、ゴヘイ。全く気にしなくていいのよ。きっと、私たちの誰かが捨てたゴミだと思うわ」

「あああ、良かったぁ〜！」

空港に着いて、二人とぎゅっとハグをして、お別れしました。

翌週、セントルイスの新聞記事が送られてきました。そして、そこにはこう書いてありました。

【亡き息子リアムが書き残したピアノ曲を弾く準備をするためだけに、わざわざニューヨークからセントルイスまで飛んで来て、息子の部屋に泊まり、息子の全てを感じようとしてくれた日本人。

翌日、空港へ向かう車の中で、急に彼は取り乱してこう言った。

「リアムの部屋のゴミ箱に、ゴミを捨ててしまった！　申し訳ない！」

この彼は、息子のゴミ箱にまで、思いやりを持ってくれた。ゴミ箱にまで。

私たちアメリカ人も、この日本人の繊細な優しさを見習い、この分断されつつある社会を、思いやりで良き社会に変えられるのではないだろうか。

ゴヘイ・ニシカワの優しさに感謝する】

本書は二〇一五年四月三十日に出版された『7本指のピアニスト』（朝日新聞出版）を改題し増補改訂したものです。

7本指のピアニスト
僕が奇跡を起こせた方法

著　者　　西 川 悟 平
発行者　　真船美保子
発行所　　KK ロングセラーズ
　　　　　東京都新宿区高田馬場4-4-18　〒169-0075
　　　　　電話（03）5937-6803（代）　振替 00120-7-145737
　　　　　http//www.kklong.co.jp

印刷・製本　中央精版印刷（株）
落丁・乱丁はお取り替えいたします。※定価と発行日はカバーに表示してあります。
ISBN978-4-8454-2480-1 Printed In Japan 2021